Michael Baumann (Hrsg.)

Gemeinsames Erbe

Reformierte und Täufer im Dialog

TVZ

Michael Baumann (Hrsg.)

Gemeinsames Erbe
Reformierte und Täufer im Dialog

TVZ

Theologischer Verlag Zürich

Weitere Dokumente, Bilder und Aktualitäten finden sich unter www.anabaptist.ch.

Die Deutsche Bibliothek – Bibliografische Einheitsaufnahme

Die Deutsche Bibliothek verzeichnet diese Publikation in der Deutschen Nationalbibliografie; detaillierte bibliografische Daten sind im Internet über http://dnb.ddb.de abrufbar.

Umschlaggestaltung:

Simone Ackermann, Zeljko Gataric, Zürich

Druck:

Rosch-Buch, Scheßlitz

ISBN 978-3-290-17430-9

© 2007 Theologischer Verlag Zürich
www.tvz-verlag.ch

Bekenntnis

Reformierte Kirchen und Täuferbewegung sind Zweige desselben evangelischen Astes am grossen christlichen Baum. Beide sind Kinder der Reformation. Doch ihre Wege haben sich bereits am Anfang getrennt. Ein tragischer Riss geht durch die Zürcher Reformationsbewegung und hat bis heute seine Spuren hinterlassen. Hinrichtungen, Verfolgung und Vertreibung sollten die Täuferbewegung ausrotten. Doch die Täuferbewegung hat überlebt und ist bis heute lebendig geblieben, wofür uns die Nachfahren der Täufer ein lebendiges Zeugnis sind.

Verfolgte vergessen ihre Geschichte nicht. Verfolger dagegen verdrängen sie gerne. Wir – Vertreter und Vertreterinnen der Evangelisch-reformierten Landeskirche des Kantons Zürich – sind uns heute bewusst, dass unsere Kirche die Geschichte der Verfolgung der Täufer weitgehend verdrängt hat.

Wir bekennen, dass die damalige Verfolgung nach unserer heutigen Überzeugung ein Verrat am Evangelium war und unsere reformierten Väter in diesem Punkt geirrt haben.

Wir halten fest, dass das Urteil über die Täufer im *Zweiten Helvetischen Bekenntnis,* das die Lehren der Täufer als unbiblisch verwirft und mit ihnen jede Gemeinschaft verweigert, für uns nicht mehr gilt und wir bestrebt sind, das Verbindende zu entdecken und zu bestärken.

Wir anerkennen die Gläubigen der täuferischen Tradition als unsere Schwestern und Brüder und ihre Gemeinden als Teil des Leibes Christi, dessen unterschiedliche Glieder durch den einen Geist miteinander verbunden sind.

Wir achten den radikalen Ansatz der Täuferbewegung, als eine freie Gemeinschaft von entschiedenen Gläubigen

Salz der Erde und Licht der Welt zu sein und die Botschaft der Bergpredigt konkret umzusetzen.

Es ist an der Zeit, die Geschichte der Täuferbewegung als Teil unserer eigenen Geschichte zu akzeptieren, von der täuferischen Tradition zu lernen und im Dialog mit den täuferischen Gemeinden das gemeinsame Zeugnis des Evangeliums zu verstärken.

In Anlehnung an die reformierte Tradition *bekennen wir*.

Wir gehören nicht uns selbst. Wir gehören Jesus Christus, der uns in seine Nachfolge ruft und uns auffordert, uns mit jenen Brüdern und Schwestern zu versöhnen, die etwas gegen uns vorbringen können.

Wir gehören nicht uns selbst. Wir gehören Jesus Christus, der uns durch das Kreuz mit Gott versöhnt und uns den Dienst der Versöhnung anvertraut hat.

Wir gehören nicht uns selbst. Wir gehören Jesus Christus, der die Mauer der Feindschaft zwischen uns niedergerissen und Nahe und Ferne in einem Leib vereinigt hat.

Inhaltsverzeichnis

Vorwort

Reformierte und mennonitische Kirchen führen ihre Anfänge auf Zürich zurück: auf Huldrych Zwingli und seine engsten Mitkämpfer Konrad Grebel und Felix Manz, die alle im befreienden Evangelium eine Kraft zur Erneuerung von Kirche und Gesellschaft entdeckten. Die Vorstellungen allerdings, wie diese Erneuerung umzusetzen sei, gingen schon bald auseinander. Ihre Wege trennten sich im Streit. Zürich wurde zur «Zwinglistadt» und verbannte die Namen von Felix Manz und Konrad Grebel aus ihrem Gedächtnis. Doch die Täuferbewegung überlebte und behielt ihre Gründerväter in Erinnerung. Am 26. Juni 2004 kehrte Felix Manz nach Zürich zurück: Ein Gedenkstein am Ufer der Limmat erinnert an seine Hinrichtung während der Reformationszeit. Für Reformierte wie für Mennoniten ist dies ein Hinweis auf ihr gemeinsames Erbe und zugleich eine Ermutigung zum geschwisterlichen Dialog. Die beiden Kirchen haben das Erbe der Reformation unterschiedlich entfaltet. Doch in ökumenischem Geist und gegenseitiger Wertschätzung lernen sie heute voneinander, geben sich Anteil an ihren Gaben und versuchen gemeinsam, in Kirche und Gesellschaft für das Evangelium Zeugnis abzulegen.

Wir danken allen, die den Begegnungstag vom 26. Juni 2004 vorbereitet und durchgeführt haben, namentlich Philippe Dätwyler, Peter Dettwiler, Thomas Gyger, Hanspeter Jecker, Elisabeth Lutz-Hellstern und John E. Sharp sowie Michael Baumann für die Arbeit an dieser Schrift.

Dankbar für alle Schritte der Versöhnung und verbunden durch den Glauben an Jesus Christus

Ruedi Reich
Kirchenratspräsident
der Evang.-ref. Landeskirche
des Kantons Zürich

Paul Gerber
Präsident der Konferenz
der Mennoniten der Schweiz

Einleitung

Michael Baumann

Im Sommer 2004 haben sich in Zürich anlässlich der Feierlichkeiten zum 500. Geburtstag von Heinrich Bullinger Vertreterinnen und Vertreter der reformierten Kirche mit taufgesinnten Geschwistern aus der Schweiz, aus Europa und Übersee getroffen. Es war nicht die erste Begegnung zwischen Täuferkirchen und Reformierten. Es war aber wohl die bislang tiefste, wegweisend in vieler Hinsicht.

Das Bekenntnis, das am Anfang dieser kleinen Schrift steht, drückt zentral aus, worum es den Reformierten ging und geht: Es geht darum, die Täuferkirchen als Schwestern anzuerkennen; es geht darum, das Gemeinsame in beiden reformatorischen Traditionen zu entdecken, und es geht darum, sich vor denen zu verneigen, die unter der Gewalt der reformierten Kirche des 16. Jahrhunderts im Namen eines falsch verstandenen Evangeliums gelitten haben.

Dieses Bekenntnis, gesprochen im Grossmünster von Kirchenratspräsident *Ruedi Reich*, war der zentrale Moment der Begegnung. Ihm sind in einem ersten Teil historische und theologische Abrisse zur Geschichte der taufgesinnten Gemeinschaften und der reformierten Kirche beigeordnet. *Peter Dettwiler* fasst in zwei längeren Beiträgen zuerst die unheilvolle Geschichte der Verfolgung der Täufer sowie die zuerst zaghaften und dann deutlicheren Schritte zu einer Versöhnung der verschwisterten Kirchengemeinschaften zusammen. *Hanspeter Jecker* beleuchtet aus mennonitischer Sicht seinerseits in historischer Perspektive die zentralen Unterschiede der beiden Kirchenmodelle. In zwei anschliessenden Referaten verdeutlicht *Peter Dettwiler*, wie der in Gang gesetzte Dialog zwischen Täufern und Reformierten fruchtbar gemacht werden kann. Unter dem Stichwort «Neue Horizonte» bezeugen einige persönliche Reaktionen von amerikanischen Mennoniten die Bedeutung der Tagung von Zürich. Der erste Teil schliesst mit einem kurzen Ausblick, worin *Michael Baumann* die Konsequenzen historischer Arbeit und theologischer Gespräche für die reformierte Position und da insbesondere für die Tauffrage skizziert.

Im zweiten Teil folgen Dokumente der Tagung selbst. Auf *Larry Millers* Predigt im Grossmünster aus mennonitischer Sicht, folgt das eingangs erwähnte reformierte Bekenntnis sowie eine mennonitisch-schweizerische Antwort. *Pierre Bühler* stellt mit 11 Thesen zu den ekklesiologischen (das Kirchenverständnis betreffenden) Differenzen aber auch Gemeinsamkeiten zwischen taufgesinnten Gemeinschaften und der reformierten Landeskirche eine Art «Kurzfassung» der Dialogarbeit zur Verfügung. Anschliessend werden von *Philippe Dätwyler* die Reden anlässlich der Einweihung des Gedenksteins für die einst in der Limmat ertränkten Täufer wiedergegeben. Das Bändchen schliesst mit einem bewegenden Brief, den die *Old Order Amish Churches* auf die Einladung zur Tagung 2004 verfasst haben. Dass dieser Brief am Schluss steht, bedeutet nicht, dass er weniger wichtig wäre, als die vorderen Beiträge; vielmehr ist der Geist der Versöhnung, der in diesem Dokument spürbar ist, vielleicht ein Höhepunkt besonderer Art. Der Brief zeigt wie kaum ein anderes Dokument, dass aus Streit und Zwist, der vor fünfhundert Jahren wörtlich bis aufs Blut geführt wurde, eine Haltung der Versöhnung, der gegenseitigen Achtung und vielleicht sogar der liebenden Begegnung werden kann.

Das vorliegende Büchlein nimmt den Faden auf, den die Tagung in Zürich 2004 zu spinnen angefangen hat. Dass dieser Faden in der Zwischenzeit nicht gerissen ist, sondern weitergesponnen wird, zeigt u. a. das «Täuferjahr», das im Kanton Bern 2007 mit einer grossen Anzahl von Veranstaltungen gefeiert wird (siehe: www.anabaptism.org). Zudem sei an dieser Stelle auch auf den von Urs Leu und Christian Scheidegger im TVZ herausgegebenen Sammelband «Die Zürcher Täufer 1525–1700» hingewiesen. Während die Anfänge der Zürcher Täufer gut dokumentiert und erforscht sind, ist die Zeit nach Huldrych Zwingli und Heinrich Bullinger bisher kaum erschlossen. Dieser Band füllt darum eine Forschungslücke, und er zeigt in eindrücklicher Weise auf, dass die täuferischen Impulse trotz staatlicher Unterdrückung nachhaltig weiterwirkten.

Diese Impulse möchte auch die hier vorliegende Schrift aufnehmen, in der Hoffnung, dass der Dialog zwischen den reformierten und den taufgesinnten Glaubensgeschwistern weitergeführt und vertieft werden kann und dies auch ein Schritt ist hin zum erhofften und geglaubten Reich des Friedens, das den Täufern wie den Reformierten seit dem 16. Jahrhundert ein tiefes Anliegen ist.

Zürich, Anfang 2007

Erster Teil

Gemeinsames Erbe – Grundsätzliches

Versöhnung der Erinnerungen

Peter Dettwiler

Verfolgte vergessen ihre Geschichte nicht, die Verfolger verdrängen sie jedoch gerne. Das ist in der leidvollen Auseinandersetzung zwischen Reformierten und Täufern nicht anders. Wer sich am Geburtsort beider Kirchen auf Spurensuche macht, wird das bestätigt finden. Huldrych Zwingli hat in Zürich sein Denkmal, ebenso sein Nachfolger Heinrich Bullinger. Doch ein Denkmal für Felix Manz, den ersten Glaubenszeugen der Täufer, suchte man bislang vergebens.

Das Zwingli-Portal von 1939 am Grossmünster erinnert mit seinen 24 bronzenen Reliefs an den wechselvollen Gang der Reformation in Zürich.[1] Zwei Bildtafeln zeigen die ersten reformierten Zeugen, die um ihres Glaubens willen hingerichtet wurden: Hans Wirth wurde 1524 in Baden enthauptet und der Pfarrer Jakob Kaiser 1529 in Schwyz verbrannt. Die Darstellung der ersten christlichen Märtyrer der Stadt aus römischer Zeit – Felix, Regula und Exuperantius – ist ein Hinweis darauf, dass auch in Zürich die Geschichte der christlichen Kirche im Zeugnis der Märtyrer wurzelt. Ein weiteres Bild zeigt die Aufnahme evangelischer Glaubensflüchtlinge aus der italienischen Schweiz 1555. An der Nordseite des Grossmünsters erinnert eine Gedenktafel an die 30 von den Galeeren befreiten ungarischen Pastoren und ihren Aufenthalt in Zürich im Winter 1676/77, und beim Eingang zum Fraumünster gedenkt eine Inschrift der Aufnahme der hugenottischen Glaubensflüchtlinge von

---

[1] Vgl. Robert Heinrich Oehninger, *Das Zwingliportal am Grossmünster in Zürich,* Verlag Neue Zürcher Zeitung 1984.

1685. Dass die reformierte Zürcher Kirche jedoch ihrerseits viele Gläubige aufgrund deren täuferischen Überzeugung zu Flüchtlingen gemacht hat, wurde weitgehend verdrängt. Auch ist den Reformierten kaum bewusst, dass die weltweite Täuferbewegung ihre Anfänge auf das Glaubenszeugnis ihrer Zürcher Vorfahren zurückführt und daher beide Traditionen durch ein gemeinsames Erbe verbunden sind.

Abb. 1: «Tribute to Hans Landis». James Landis, aus Petersburg, Westvirginia, USA, bei der Einweihung des Gedenksteins. Rechts im Bild: Setri Nyomi aus Ghana, Generalsekretär des Reformierten Weltbundes.

Den einzigen Hinweis auf das Täufertum in Zürich fanden die zahlreichen Nachfahren der Täufer, die jährlich auf den Spuren ihrer Glaubensväter und -mütter die Stadt besuchten, bisher nur am Elternhaus von Konrad Grebel (1498–1526) beim Neumarkt, wo 1952 auf Ersuchen der 5. Vollversammlung der Mennonitischen Weltkonferenz folgende Inschrift angebracht wurde: «In diesem Haus wohnte 1508–1514 und 1520–1525 Konrad Grebel, der zusammen mit

Felix Manz das Täufertum begründete.» Am 26. Juni 2004 wurde endlich am Ufer der Limmat ein Gedenkstein eingeweiht, wie es die Mennoniten schon 1952 angeregt hatten.

Bei der feierlichen Einweihung sang ein Chor von mennonitischen und amischen Gläubigen aus Amerika und Europa, und James Landis, ein direkter Nachfahre von Hans Landis in der 14. Generation, trug ein zu diesem Anlass verfasstes Gedicht vor.

Die Inschrift des Gedenksteins lautet:

HIER WURDEN MITTEN IN DER LIMMAT
VON EINER FISCHERPLATTFORM AUS
FELIX MANZ UND FÜNF WEITERE TÄUFER
IN DER REFORMATIONSZEIT
ZWISCHEN 1527 UND 1532 ERTRÄNKT.
ALS LETZTER TÄUFER WURDE IN ZÜRICH
HANS LANDIS 1614 HINGERICHTET.

Felix Manz (ca. 1498–1527) und Hans Landis (ca. 1544–1614) sind in den Täufergemeinden bis heute bestens bekannt, weshalb ihre Namen auf dem Gedenkstein erwähnt sind. Die Namen der fünf anderen in der Limmat ertränkten Täufer waren: Jakob Falk und Heini Reimann (1528), Konrad Winkler (1530), Heini Karpfis und Hans Herzog (1532).

Hinrichtungen von Frauen sind in Zürich bislang keine nachgewiesen. Aktenkundig ist die Ertränkung von Anna Sidler in Zug im Dezember 1529.[2] Europaweit sind nicht

---

[2] Karl Müller, *Die Wiedertäufer im Kanton Zug und ihre Verurtheilung 1529,* in: Zuger Nachrichten, 2. Mai 1888.

wenige Hinrichtungen von Frauen und vereinzelt sogar von Jugendlichen bekannt.

Die Inschrift an der Limmat verzichtet bewusst auf den Begriff *Märtyrer.* Für das reformiert-mennonitische Vorbereitungskomitee sollte die Gedenktafel nur die Fakten wiedergeben ohne Wertung der geschichtlichen Ereignisse.

Schatten der Vergangenheit

Harte Worte gebraucht Zwingli in seiner «Erklärung des christlichen Glaubens» 1531 in seinem Todesjahr bei der Beurteilung bzw. Verurteilung der Täufer: «Eine verdorbene Art von Menschen» nennt er «diese Sekte» und spricht von der «Pest der Wiedertäufer» bzw. dem «Unkraut der Wiedertäufer».[3] Womit er auch gleich andeutet, wie man mit ihnen verfahren soll. In einem Brief an Vadian, den Bürgermeister und Reformator von St. Gallen, schreibt er am 3. Januar 1527, zwei Tage vor der Hinrichtung von Felix Manz: «Die Wiedertäufer, die endlich einmal den Geiern vorgeworfen werden sollten, stören bei uns den Frieden der Frommen; aber ich glaube, dass die Axt dem Baum an die Wurzel gelegt ist. Gott helfe seiner Kirche. Amen.»[4] Ganz anders Felix Manz in seinem letzten Brief an die Glaubensgeschwister: «Nichts als die Liebe ist es, woran Gott ein Wohlgefallen hat: Wer die Liebe nicht beweisen kann, der findet bei Gott keinen Raum. (…) Christus hat niemals jemanden gehasst, deshalb hassen seine rechten

---

[3] Huldrych Zwingli, Schriften IV, Theologischer Verlag Zürich 1995, 341ff.

[4] Vgl. Ekkehard Krajewski, *Leben und Sterben des Zürcher Täuferführers Felix Manz,* Kassel 1957, 145, zitiert aus: *Ökumenische Kirchengeschichte der Schweiz.* Freiburg und Basel 1994, 115.

Diener auch niemanden und folgen also Christus auf dem rechten Weg nach, wie er vorangegangen ist.»[5] Allerdings muss beigefügt werden, dass in diesen schwierigen Auseinandersetzungen auch die täuferische Seite nicht mit harten Worten gegen Zwingli und seine Anhänger sparte.

Das «Unkraut» mit der Wurzel auszureissen gelang nicht, trotz radikalem Vorgehen. Der deutsche Chronist des 16. Jahrhunderts, Sebastian Franck, schrieb 1531 über die Täufer: «Sie verbreiteten sich so schnell, dass ihre Lehre bald das ganze Land durchzog und sie grossen Anhang fanden. Sie tauften viele Tausend und viele Aufrichtige, die nach Gott verlangten. Durch ihr gutes Ansehen und den Buchstaben der Schrift, an den sie sich starr hielten, zogen sie viele zu ihm. Denn sie lehrten nicht nur dem Scheine nach Liebe, Glaube und Kreuz.»[6] Die vielen staatlichen Mandate gegen die Täufer unterstreichen, wie sehr diese Bewegung von Staat und Kirche als Gefahr angesehen wurde. Das deutsche Reichsgesetz vom 23. April 1529 verhängte über alle Täufer, die ihrem Glauben nicht abschworen, die Todesstrafe durch «Feuer, Schwert oder dergleichen» ohne Gerichtsverfahren.[7]

---

[5] Vgl. *Heinrich Bullingers Reformationsgeschichte,* hg. von J. J. Hottinger und H. H. Vögeli, Band 1, Frauenfeld 1838, 382, zitiert aus: *Ökumenische Kirchengeschichte,* ebd., 115.

[6] Aus der Chronik von Sebastian Franck von 1585: *Geschichte vnd Zeitbuch aller Namhafftigsten vnd Gedechtnusswiedrigsten Geystlichen vnd Weltlichen Sachen oder Handlungen von anbegin der Welt nach erschaffung des ersten Menschen biss auff das gegenwertige jar Christi M.D.LXXXV. Verlengt … weylandt durch Sebastian Franck von Wörd … Dritter Teil, 3. Buch, 456 (1. Auflage 1531).* Zitiert aus: *Die Täuferbewegung.* Eine kurze Einführung in ihre Geschichte und Lehre. J.C. Wenger, Oncken Verlag 1984. 3. Auflage 1995, 109.

[7] Ebd., 88 (Fussnote 103; vgl. auch 112).

Nicht weniger folgenschwer war die Festschreibung und damit die Tradierung der Verurteilung der «Wiedertäufer» in den reformierten Bekenntnissen: «Wir verwerfen (…) alle (…) Lehren der Wiedertäufer, die entgegen Gottes Wort eigene Fündlein enthalten. Wir sind also nicht Wiedertäufer und haben mit ihnen rein gar nichts gemein.»[8] So fasst das *Zweite Helvetische Bekenntnis* von 1566 den reformierten Standpunkt kurz und bündig zusammen. In diesem weitverbreiteten Bekenntnis wird sogar das gewaltsame Vorgehen gegen die Täufer gerechtfertigt.[9] Dies hatte Heinrich Bullinger bereits 1535 im Rückgriff auf die Bibel und Augustin zu rechtfertigen versucht.

Was folgte, war eine unbarmherzige Verfolgung der Täufer über Jahrzehnte und Jahrhunderte, in der Schweiz in erster Linie durch die reformierten Kirchen, in anderen Ländern auch durch die katholische Kirche. Die letzte Hinrichtung in Bern erfolgte 1571 (Hans Haslibacher) und in Zürich 1614 (Hans Landis). Doch die Unterdrückung durch Gefangenschaft, Enteignung, Vertreibung und Benachteiligung dauerte noch bis anfangs des 19. Jahrhunderts. Die reformierten Kirchen der Schweiz in ihrer engen Verbindung mit dem Staat müssen sich heute eingestehen, dass sie «selber vielen jener Fehler zum Opfer fallen konnten, die sie selbst in der Römisch-katholischen Kirche kritisierten. Sie legitimierten zuweilen unterdrückende politische Systeme, fielen in Klerikalismus zurück und wurden immer intoleranter gegenüber Minderheitsstand-

---

[8] Heinrich Bullinger, Das Zweite Helvetische Bekenntnis, Theologischer Verlag Zürich 1998, 110.

[9] «Sie (die Obrigkeit) halte in Schranken auch die unbelehrbaren Irrgläubigen (…), wenn sie nicht aufhören, Gottes Majestät zu lästern und die Kirche Gottes zu verwirren, ja zugrunde zu richten.» (Ebd., 137).

punkten. Gelegentlich waren sie schuldig an Verurteilungen, Verbrennungen und Verbannungen, zum Beispiel im Hinblick auf die Wiedertäufer in der Schweiz, Handlungen, die in vielen Fällen typisch zeitbedingt waren, aber deswegen nicht entschuldigt werden können.»[10]

Nicht weniger deutlich wurde dies im reformiert-mennonitischen Dialog formuliert: «Die Reformierten Kirchen haben kein Recht, all das Unrecht, das den Täufern im Lauf der Jahrhunderte zugefügt wurde, zu ignorieren oder gar durch irgendwelche Argumente zu entschuldigen. Sie müssen offen zu diesem dunklen und beschämenden Aspekt ihrer Geschichte stehen. Reformierte Christen waren oft selber unter den Verfolgten; sie dürfen jedoch nicht vergessen, dass sie manchmal auch zu den Verfolgern gehörten.»[11]

Aus der Perspektive jener Zeit heraus liesse sich tatsächlich einiges erklären: Die interne Spaltung bedrohte die Durchführung der Reformation: «Von zwei Parteien werden wir bekämpft, die voneinander so verschieden sind, wie nur möglich. Denn was hat die des Papstes mit der der Wiedertäufer gemeinsam?», schreibt Calvin in der Antwort an Kardinal Sadolet 1539.[12] Es ist eine Tatsache, dass die Einführung der Reformation in der Stadt Solothurn an diesen Spannungen zwischen Täufern und Reformierten scheiterte. Zudem rüttelten die Täufer mit der Verweige-

---

[10] Zweiter internationaler reformiert/röm.-katholischer Dialog, in: *Dokumente wachsender Übereinstimmung*, Band 2. Paderborn und Frankfurt 1990, Nr. 23.

[11] Vgl. *Mennonites and Reformed in Dialogue*. Studies from the World Alliance of Reformed Churches, Nr. 7, 1986, 42.

[12] Calvin-Studienausgabe, hg. v. Eberhard Busch u. a. Neukirchener, Bd. 1.2 *Reformatorische Anfänge*, Antwort an Kardinal Sadolet (1539), 367.

rung der Kindertaufe, des Kriegsdienstes und des staatlichen Eides an den Grundfesten der damaligen Gesellschaft, welche Religion und Staat als eine Einheit betrachtete.

Die Idee der religiösen Toleranz ist nicht ein Kind der Reformation, sondern der Aufklärung. Einer ihrer wenigen Vordenker im 16. Jahrhundert war Sebastian Castellio, der entschieden für die Toleranz Andersgläubigen gegenüber eintrat und eine tiefe Wahrheit in einfachen Worten zusammenfasste: «Einen Menschen töten heisst nicht eine Lehre verteidigen, sondern einen Menschen töten.»[13] Fritz Blanke sieht in seiner Schrift «Brüder in Christo» 1955 die Täuferbewegung in ihrer Vision von einer auf freiwilliger Mitgliedschaft beruhenden christlichen Gemeinschaft als ein Experiment, das zu früh kam, «bevor die Zeit dafür reif war. (...) Es braucht immer wieder Menschen, die, unbeirrt durch den Zeitgeist, nach neuen Zielen aufbrechen und einem neuen Morgen zuwandern. (...) Ihr Wagnis ist nicht vergeblich gewesen. Dankbar neigen wir uns heute vor ihnen.»[14]

Ein fundierter Dialog zwischen Reformierten und Täufern verlangt einerseits eine Neubeurteilung der Geschichte, welche sowohl den Gründern der Täuferbewegung als auch den Reformatoren gerecht wird. So wie die Reformierten

---

[13] Vgl. Hans R. Guggisberg, *Sebastian Castellio. Humanist und Verteidiger der religiösen Toleranz.* Vandenhoeck & Ruprecht, Göttingen, 1997, 307. Castellio (1515–1563) wandte sich mit seiner wichtigsten Schrift «De haereticis an sint persequendi» gegen die Verbrennung von Michael Servet 1553, aber ebenso gegen die brutale Verfolgung der Täufer, auch wenn er deren Glaube und Theologie nicht teilte.

[14] Fritz Blanke, *Brüder in Christo.* Die Geschichte der ältesten Täufergemeinde (Zollikon 1525). Neuauflage 2003, Winterthur: Schleife Verlag, 105.

verdanken auch die Täufer ihren geistlichen Vätern und Müttern bei allen Schattenseiten Wesentliches. Andererseits braucht es auch eine «Versöhnung der Erinnerungen».[15] Sie beginnt damit, dass jede Kirche die Geschichte mit den Augen der andern zu sehen lernt, um dabei zu entdecken, wie einseitig das eigene Geschichtsbild ist.

---

[15] Vgl. den zweiten internationalen reformiert/röm.-katholischen Dialog, Kapitel 1 «Auf dem Weg zu einer Versöhnung der Erinnerungen», vgl. Anm. Nr. 10.

Schritte der Versöhnung

Peter Dettwiler

Wer Daten und Ereignisse zum Versöhnungsprozess zwischen Reformierten und Täufern zusammentragen will, muss sich bei den Täufern, insbesondere bei den Mennoniten erkundigen. Das Geschichtsgedächtnis auf reformierter Seite ist diesbezüglich immer noch sehr kurzzeitig.

Erste Erleichterung von den staatlich-kirchlichen Repressionen in der Schweiz erfuhren die Mennoniten durch Pietismus und Aufklärung im 18. Jahrhundert.[1] Auf staatlicher Ebene führte die Helvetische Verfassung von 1798 und das «Duldungsgesetz aller Religionsmeinungen» vom 12. Februar 1799 zur Akzeptanz auch der Täufergemeinden. Die Vereinigungs-Urkunde des ehemaligen Bistums Basel mit dem Kanton Bern 1815 enthält Hinweise auf die alten Streitpunkte im Konflikt zwischen (Staats-)Kirche und Täufertum: «Ihr Kultus wird geduldet, unter dem Vorbehalt: dass sie zur Regelmässigkeit der bürgerlichen Ordnung a) (...) ihre Ehen und die Geburt ihrer Kinder in die öffentlichen Rödel einschreiben lassen; b) dass ihre Handgelübde in Rücksicht der gesetzlichen Kraft die Stelle des Eides vertreten (...); c) und endlich dass sie zwar, gleich den übrigen Kantonsangehörigen, zum Dienst der Auszüger und der Landwehr verpflichtet sein sollen, hin-

---

[1] Nach einer Vorlage von Hanspeter Jecker und Sabine Herold: Chronologie der «Schritte der Versöhnung», siehe: www.anabaptist.ch.

gegen aber sich, nach darüber bestehenden Landesverord-
nungen, ersetzen lassen können.»[2]

1847 wurde die Holee-Kapelle durch die Basler Menno-
nitengemeinde als erstes nicht-landeskirchliches Kirchengebäude der Schweiz eingeweiht. Um 1900 beginnen wissen-
schaftliche Publikationen den Weg zum Dialog zu ebnen,
z. B. jene des Religionssoziologen Ernst Troeltsch, die Bio-
grafie über die Berner Täufer des Langnauer Pfarrers Ernst
Müller (1895) und die bereits erwähnte Arbeit des Zürcher
Theologieprofessors Fritz Blanke 1955.

1925 kam es bereits an der ersten Mennonitischen Weltkonferenz in Basel zu Kontakten mit reformierten Kirchen
und theologischen Fakultäten, wobei von reformierter Seite
mit Bedauern auf die Verfolgungen in der Vergangenheit
hingewiesen wurde. Erste offizielle Begegnungen zwischen
reformierten Landeskirchen und den historischen Friedenskirchen (Mennoniten, Quäker, Church of the Brethren)
fanden in den 40er und 50er Jahren noch unter dem Eindruck des Zweiten Weltkrieges in Puidoux am Genfersee
statt. Erstmals wurden die kleinen Friedenskirchen von den
grossen Kirchen als Gesprächspartner ernst genommen.

Weitere Schritte auf dem Weg der Anerkennung folgten:
1941 wurden die Täufergemeinden im Kanton Bern als
eigenständige Gemeinden ausserhalb der Landeskirche anerkannt und dementsprechend von der Kirchensteuer befreit. 1946 folgte zusätzlich die Befreiung von der staatlichen Steuerabgabe.

---

[2] Artikel 13 der Vereinigungs-Urkunde vom 23. November
1815. In: Repertorium der Abschiede der eidgenössischen Tagsat-
zungen aus den Jahren 1814 bis 1848, 2. Band (bearb. von Will-
helm Fetscherin), Bern 1876, 853. Vgl. auch www.verfassungen.-
de /ch/bern/vereinigungsurkunde15.htm.

Im 1973 gegründeten «Schweizerischen Verein für Täufergeschichte» arbeiteten von Beginn weg mennonitische und reformierte Geschichtsforschende zusammen. Und nicht zuletzt hat auch der Aufschwung der Ökumene in den 60er Jahren zu einer Annäherung auf verschiedenen Ebenen geführt.

Am 5. März 1983 feierten Baptisten, Mennoniten und Reformierte im Grossmünster in Zürich einen denkwürdigen Gottesdienst mit Abendmahl. Es war der Höhepunkt eines zehnjährigen Dialogs zwischen dem Reformierten Weltbund und dem Baptistischen Weltbund. Bewusst sollte jener Tag die persönliche Begegnung, die theologische Reflexion und die gottesdienstliche Feier miteinander verbinden. Ernst Meili, der damalige Präsident des Kirchenrates der Evangelisch-reformierten Landeskirche des Kantons Zürich, sprach im Gottesdienst ein Schuldbekenntnis in Form eines Gebetes, das hier in Erinnerung gerufen werden soll:

«Vater im Himmel
In dir allein sind Wahrheit und Leben. Darum treten wir heute vor dich und bitten dich:

Erneuere unsern Glauben, die Gewissheit unserer Berufung in Jesus Christus, die Gemeinschaft mit ihm und untereinander. Wir danken dir für alles, was dein Geist seit den ersten Zeiten durch die Jahrhunderte in deiner Kirche gewirkt hat. Wir danken dir für alle Menschen, die das Evangelium durch ihr Wort und mit ihrem Leben bezeugt haben. Wir danken dir besonders für die Reformatoren, deren Zeugnis und Wirken deine Kirche so vieles verdankt.

Wir bekennen aber vor dir, wie oft wir uns der Stimme deines Geistes verschlossen und eigenen Einsichten und Vorstellungen den Vorzug gegeben haben. Wir

bekennen heute vor dir und vor unseren mennonitischen und baptistischen Schwestern und Brüdern, wie
oft wir reformierten Christen nicht verstanden haben,
was du deiner Kirche durch das Zeugnis und Wirken
unserer freikirchlichen Mitchristen sagen willst. Wir
bringen vor dich das Unrecht, das im Laufe der Zeit in
unserem Lande an ihnen geschehen ist: Verfolgung,
Unterdrückung, Hinrichtung und Ausweisung.

Herr, unser Gott, wende uns deine Gnade, dein Er-
barmen zu! Vergib und hilf uns heute, gemeinsam neu
anzufangen durch die Kraft der Versöhnung und Liebe,
damit Wunden heilen und Gemeinschaft wachsen und
sich vertiefen kann.»[3]

Die Begegnung in Zürich 1983 war der Ausgangspunkt für
den offiziellen Dialog zwischen dem Reformierten Weltbund und der Mennonitischen Weltkonferenz.[4] Dieser Dialog beinhaltet a) das offene Gespräch über die gemeinsamen Wurzeln, b) die Aufarbeitung der Differenzen und
c) die Stärkung des gemeinsamen Zeugnisses in der Welt
und für die Welt.

Im Mai 1983 setzte die Schweizerische Evangelische
Synode[5] ein weiteres Zeichen der Versöhnung, indem sie
Delegierte der Mennoniten einlud. Im Eröffnungsgottes-

---

[3] Aus: Gemeindebote des Bundes der Baptistengemeinden in
der Schweiz, 61. Jahrgang, 83/5.

[4] Vgl. Mennonites and Reformed in Dialogue. Studies from
the World Alliance of Reformed Churches, Nr. 7, 1986.

[5] In der *Schweizerischen Evangelischen Synode* liessen sich evangelische Christinnen und Christen auf einen Prozess der gemeinsamen Selbstbesinnung ein. In 10 Sessionen wurden von 1983–
1987 grundlegende Themen von Kirche und Gesellschaft behan-
delt. Vgl. *Ökumenische Kirchengeschichte der Schweiz,* Hg. Lukas Vischer u. a., Paulusverlag, Friedrich Reinhardt Verlag 1994, 299.

dienst an Auffahrt bat einer der Verantwortlichen die Täufer für alles Unrecht der Vergangenheit um Entschuldigung in der Überzeugung, dass ohne dieses Zeichen der Versöhnung kein Segen auf der Synode liegen könne. Im Brief an die evangelischen Christen der Schweiz vom 15. Mai 1983 unterstreicht die Schweizerische Evangelische Synode diesen Willen zur Versöhnung: «Mit besonderer Freude haben wir einen Vertreter der Mennoniten als Delegierten unter uns willkommen geheissen. Wir denken dabei an das unsagbare Unrecht, das ihnen seit der Reformation in unserem Lande zugefügt worden ist; wir danken ihnen für das Zeichen der Vergebung, das ihre Gegenwart unter uns bedeutet.»[6] Dieser bescheidene Hinweis löste kontroverse Diskussionen aus, was verdeutlicht, dass der Gedanke der Schuld für viele Evangelische neu war.

Am 8. Mai 1988 fand in Bern ein Gedenkgottesdienst im Rahmen der Ausstellung zur Täuferdisputation von 1538 statt. 450 Jahre nach jener verhängnisvollen Verschärfung der Gegensätze wurden Brücken der Versöhnung gebaut. Ein weiteres Zeichen setzte 1993 das Jubiläum «300 Jahre Kirche Schwarzenegg». Diese Berner Kirche war 1693 mit so genanntem «Täufergut» errichtet worden, nämlich Geld von vertriebenen Täuferfamilien, das dem Staat zufiel und zu einem Drittel für Kirchen, Schulen und Armenbetreuung eingesetzt wurde. Ausdrücklich wurden zu diesem Jubiläum mennonitische Delegierte eingeladen, welche auch bei dieser Begegnung die Hand zur Versöhnung ausstreckten und weder Rachebedürfnisse noch Reparationszahlungen geltend machten.

---

[6] Brief an die evangelischen Christen der Schweiz, Biel, 15.5.1983. In: Schlussdokumente der SES, Friedrich Reinhardt Verlag, Basel, Heft 1: Bericht der Synodeleitung, 17.

Im Mai 2003 organisierte die Stiftung «Schleife» in Winterthur die Tagung «Heile unser Land – Schritte der Versöhnung mit den Wiedertäufern». Es war in erster Linie ein Treffen von charismatischen Gruppen aus der Schweiz und den USA, welche je in ihren Kirchen für die geistliche Erneuerung eintreten. Die Konferenz der Mennoniten der Schweiz war zur Tagung ebenfalls eingeladen und beim Versöhnungsgottesdienst im Grossmünster in Zürich wirkten auch Vertreter der reformierten Landeskirche mit. Der Titel der Konferenz deutet an, dass die «Schritte der Versöhnung» einem missionarischen Zweck dienen: Sie sollen den Weg frei machen für den Segen Gottes, damit die Kirchen von heute Erneuerung erfahren und gemeinsam ein stärkeres Zeugnis geben können.

Am 28. März 2004 wurde in der Nähe von Schleitheim im Kanton Schaffhausen im Beisein von Vertreterinnen und Vertretern der reformierten, mennonitischen und freikirchlichen Seite der «Täuferstein» eingeweiht. Das Denkmal hoch oben am Ende des noch heute so genannten «Täuferstigs» erinnert an die geheimen Versammlungen der Täufergemeinden und an das 1527 verfasste täuferische «Schleitheimer Bekenntnis», dem seit dem 24. September des gleichen Jahres eine permanente Ausstellung im Ortsmuseum Schleitheim gewidmet ist.[7]

Ein weiterer wichtiger Schritt auf dem Weg der Versöhnung bildete die bereits erwähnte Tagung vom 26. Juni 2004 in Zürich unter dem Titel «Die Reformation und die Täufer. Gegeneinander – nebeneinander – miteinander». Wie 21 Jahre zuvor verband auch diese Tagung theologische Reflexion mit persönlichen Begegnungen und einem Versöhnungsgottesdienst. Höhepunkt war zweifellos die Einweihung des Gedenksteins an der Limmat. Die Mitwir-

---

[7] Vgl. www.museum-schleitheim.ch.

kung des Präsidenten des Rates des Schweizerischen Evangelischen Kirchenbundes sowie der Generalsekretäre des Reformierten Weltbundes und der Mennonitischen Weltkonferenz machten deutlich, dass dieser Tag der Begegnung über die lokale Ebene hinaus von Bedeutung war. Zudem nahm erstmals ein Schuldbekenntnis von reformierter Seite eine heikle Frage auf, die bereits im Dokument «Mennonites and Reformed in Dialogue» von 1986 zur Diskussion gestellt wurde, nämlich wie die Reformierten mit den in ihren Bekenntnissen festgeschriebenen Verwerfungen gegen die Täufer umgehen. Das Zürcher Bekenntnis von 2004 nimmt diesbezüglich deutlich Stellung: «Wir halten fest, dass das Urteil über die Täufer im Zweiten Helvetischen Bekenntnis, das die Lehren der Täufer als unbiblisch verwirft und mit ihnen jede Gemeinschaft verweigert, für uns nicht mehr gilt und wir bestrebt sind, das Verbindende zu entdecken und zu bestärken.»[8]

Chancen und Grenzen von Versöhnungsfeiern

Kritische Fragen an den Versöhnungsprozess gibt es von beiden Seiten: Von reformierter Seite führt eine gewisse Distanz zur eigenen Geschichte und zu den eigenen Bekenntnissen auch zu einer Distanz gegenüber Versöhnungsanlässen. Die Auseinandersetzungen mit den Täufern gehören der Vergangenheit an. Wenden wir uns den aktuellen und drängenden Fragen der Gegenwart zu! Zudem stellt sich die Frage, wie weit Reformierte von heute für Verfehlungen ihrer Vorfahren geradestehen müssen und sollen. – Von mennonitischer Seite sieht die Sache insofern anders

---

[8] Vollständiger Text des Bekenntnisses vom 26. Juni 2004 auf den Seiten 82–83.

aus, als die Geschichte der Verfolgung ein Teil der täuferischen Identität ist und nicht, wie in der reformierten Kirche, verdrängt oder marginalisiert worden ist. Dennoch halten auch mennonitische Stimmen fest, dass die Zeit der Verfolgung vorbei ist und einer neuen Epoche der ökumenischen Verständigung Platz gemacht hat. Mennoniten wollen nicht auf die Rolle der Opfer fixiert werden. Viele der vormals unversöhnlichen Gegensätze haben sich entschärft. Die Erwachsenentaufe ist auch in den reformierten Kirchen in Ergänzung zur Kindertaufe akzeptiert. Andererseits gewähren mennonitische und baptistische Kirchen anderen als Kinder getauften Christen, aufgrund ihres persönlichen Glaubens an Jesus Christus, Zugang zum Abendmahl. Auch in der Frage von Kriegs- und Friedensdienst haben sich die Fronten verschoben. Und was das Kirchenverständnis betrifft, geht die Entwicklung auch für die traditionellen Volkskirchen immer mehr Richtung Freikirche bzw. Freiwilligenkirche.

Trotzdem erweist sich ein Schuldbekenntnis wie dasjenige von Zürich als hilfreich, indem es *beide* Kirchen dazu ermutigt, die eigene Vergangenheit selbstkritischer zu sehen und zu beurteilen und einander in grösserer Offenheit und Achtung zu begegnen, wie es die mennonitische Antwort auf das reformierte Bekenntnis verdeutlicht: «Die Tatsache jedoch, dass ihr die problematischen Aspekte eurer Geschichte mit uns anerkennt, hilft uns, uns anders zu sehen und euch anders zu begegnen.»[9] Diese Begegnung macht den Weg frei, von den Stärken der anderen Kirche zu lernen, ohne die eigene Identität aufzugeben. Aus solchen Schritten echter versöhnter Verschiedenheit wächst das Bewusstsein für das gemeinsame Erbe. Bereits im reformiert-mennonitischen Dialog von 1986 werden die «ge-

---

[9] Vollständiger Text auf den Seiten 84–85.

meinsamen Wurzeln und die verwandte Geschichte» betont und die beiden Kirchen als «Zwillingsschwestern» bezeichnet. Etwas anders an der Konferenz von Winterthur 2003, an der die Täuferbewegung als ein «uneheliches Kind» bezeichnet wird und man die Zeit für gekommen hält, in der «die Kirche der Reformation ihre Vaterschaft gegenüber den Täufern anerkennt; wo aber auch die Täufer sich nicht nur im ‹Märtyrerspiegel› wiederfinden, sondern ihr Spiegelbild auch im reformatorischen Brunnen entdecken, aus dem ihre Vorfahren getrunken haben».[10]

Das Bild von der wiederversöhnten Familie mag etwas idealistisch erscheinen. Realistischer dürfte es sein, einander als *Schwesterkirchen* zu anerkennen und zu achten, die wohl aus der gleichen Familie stammen, jedoch verschiedene Wege gegangen sind und je ihre eigene Identität entwickelt haben. Sehr selbstbewusst in dieser Hinsicht ist der Brief der «Old Order Amish Churches» aus den USA an die Tagung vom 26. Juni 2004. In diesem Brief entschuldigen sie ihre Abwesenheit und bekennen: «Wir glauben, dass die Nachfahren der Reformierten Kirche in keiner Weise für das verantwortlich gemacht werden können, was ihre Vorväter den Täufern angetan haben. Es sei ferne von uns, Versöhnung zu fordern. Die Geschichte lehrt uns, dass Verfolgungen eine Kirche stärken. Das Blut der Märtyrer ist der Same der Kirche.»[11]

Hier muss allerdings angefügt werden, dass der Graben zwischen diesen Schwesterkirchen noch nicht gänzlich überbrückt und die Versöhnung noch nicht am Ziel ist. Auf

---

[10] Einladung zur Tagung «Heile unser Land», 1. bis 4. Mai 2003 in Winterthur, Stiftung Schleife.

[11] Die «Old Order Amish Churches of the USA» bestehen aus über 1000 Gemeinden mit durchschnittlich je 25–30 Familien. Vollständiger Text auf den Seiten 98–99.

das Anliegen, im Gottesdienst vom 26. Juni 2004 als Zeichen der Versöhnung das Abendmahl gemeinsam zu feiern, reagierten einzelne mennonitische und amische Gemeinden aus den USA zurückhaltend. Sie hielten die Zeit noch nicht für gekommen, mit Reformierten dieses intime Zeichen der Einheit zu feiern. Es gehört zum Prozess der Versöhnung, auf diese Signale zu achten und jene Schritte zu tun, welche von *beiden* Seiten ehrlich getan werden können.

Der gemeinsame Weg ist eingeschlagen. Am 23. April 2006 wurde in einem ökumenischen Gottesdienst in der Mennonitenkapelle «Les Mottes» im Jura der offizielle Dialog zwischen dem Schweizerischen Evangelischen Kirchenbund und der Konferenz der Mennoniten der Schweiz aufgenommen. Ziel dieses bilateralen Dialogs ist die «Vertiefung der Gemeinschaft in Zeugnis und Dienst» durch die Evaluation aller bisheriger Gesprächsergebnisse auf nationaler und internationaler Ebene und durch die «ergebnisorientierte Bearbeitung der gemeinsam als prioritär bezeichneten offenen theologischen und praktischen Fragen».[12] Dieser Dialog auf nationaler Ebene ist ein wichtiger Meilenstein in der Geschichte der beiden Kirchen.

---

[12] Aus dem am 2. Juni 2005 von beiden Seiten ratifizierten Dokument. Ein Communiqué vom 23.4.2006 «Vom Nebeneinander zum Miteinander» findet sich auf www.sek-feps.ch, Medien/Communiqués (Archiv 2006).

Versöhnung?
Eine mennonitische Stellungnahme

Hanspeter Jecker

«Wir haben mit ihnen rein gar nichts gemein!», sagte der Zwingli-Nachfolger Heinrich Bullinger über die Täufer. Ist das so geblieben? Was ist aus den Täufern geworden, und wo stehen sie heute?

Die Mennonitengemeinden der Schweiz gehen zurück auf die Täuferbewegung der Reformationszeit im frühen 16. Jahrhundert. Sie gelten als älteste protestantische Freikirche. Anders als das mit obrigkeitlichem Zwang durchgesetzte Modell der Volkskirche schwebte den Taufgesinnten eine auf freiwilliger Mitgliedschaft basierende, obrigkeitsunabhängige Gemeinde vor. Im Januar 1525 begannen darum einige ehemalige Mitarbeiter und Freunde Zwinglis in Zürich mit der Taufe von Erwachsenen, welche auf diese Weise freiwillig ihren Glauben bezeugten. Etwa zur gleichen Zeit entstanden auch andernorts in Europa ähnliche Bewegungen, welche man insgesamt als «Radikale Reformation» bezeichnet.

Durch ihre Kritik an der in ihren Augen unheilvollen Allianz von Kirche und Obrigkeit zogen Täuferinnen und Täufer bald den Zorn der Mächtigen auf sich. Trotz rasch einsetzender Verfolgung verbreiteten sich die nach einem ihrer Leiter – dem Niederländer Menno Simons (1496–1561) – zunehmend auch als «Mennoniten» bezeichneten «Wiedertäufer» vorerst aber recht rasch quer durch Europa und später auch nach Nord- und Südamerika. Güterkonfiskation, Verbannung, Gefängnis, Folter und Hinrichtung trieben die Täufer aber immer mehr in die Isolation. Daraus resultierten eine zunehmende gesellschaftliche und bisweilen auch theologische Enge mit teils schmerzhaften Fehlentwicklungen. Interne Konflikte führten 1693 zur Entstehung der strengeren und weltabgewandteren Bewegung der Amischen.

Abb. 2: Täuferhöhle bei Bäretswil im Zürcher Oberland, Zufluchtsort verfolgter Täufergemeinschaften im 16. Jahrhundert.

Aus Zürich war dieser Flügel der «Radikalen Reformation» nach einem erneuten Aufblühen im späten 16. und frühen 17. Jahrhundert aufgrund intensiver Verfolgung bis 1700 fast völlig von der Bildfläche verschwunden. Spuren täuferischen Glaubens mit zürcherischen Wurzeln finden sich vorerst in Mähren, sodann vor allem im Elsass, in der Pfalz und schliesslich in Nordamerika, wo noch heute Zehntausende von Nachfahren jener frühen Emigranten leben und nicht selten immer noch Mitglieder täuferisch-mennonitischer Kirchen sind.

Erst mit der Aufklärung und nach der Französischen Revolution begann in Europa die Repression gegen die Täufer nachzulassen. Einflüsse aus Pietismus und Erweckungsbewegungen im 18. und 19. Jahrhundert liessen die täuferischen Gemeinden anwachsen und zu neuem geistlichen Leben finden, verstärkten aber auch die Tendenz zum Rückzug aus der Gesellschaft und führten zu einer Identität der «Stillen im Lande». Mit dem Hineinwachsen in eine zunehmend tolerante und pluralistische Gesellschaft im 20. Jahrhundert stellt sich heute die Frage nach der eigenen kirchlichen und theologischen Identität auch den täuferischen Gemeinden immer wieder mit grosser Dringlichkeit.

Eine kontinuierliche Präsenz täuferisch-mennonitischer Gemeinden von den Anfängen bis in die Gegenwart gibt es in der Schweiz nur im Kanton Bern. Im Emmental, in den Agglomerationen Bern und Biel sowie im Neuenburger Jura gibt es je eine Gemeinde, im Kanton Jura zwei, im Raum Basel drei und im Berner Jura fünf Gemeinden.

Diese 14 in der «Konferenz der Mennoniten der Schweiz» (vormals Altevangelische Taufgesinnten-Gemeinden) zusammengefassten Gemeinden zählen insgesamt etwa 2500 Mitglieder, weltweit gibt es derzeit etwas mehr als eine Million mennonitische Christinnen und Christen auf allen Kontinenten! Besonders zahlreich sind sie ausserhalb Europas in den USA und Kanada, in der Demokratischen Republik Kongo, in Indien und Indonesien sowie in Paraguay und Mexiko.

Die Baptisten sowie die Evangelischen Täufergemeinden («Neutäufer») gehören zwar ebenfalls zur Gruppe täuferischer Kirchen in der Schweiz, haben aber andere historische Wurzeln.

Was Mennoniten glauben

Es ist auch von reformierter Seite anerkannt, dass es – entsprechend den gemeinsamen Wurzeln in der Reformation – «in den Hauptstücken des Glaubens» kaum Differenzen zum Täufertum gebe. Welches waren denn nun aber gleichwohl diejenigen täuferischen Überzeugungen und Verhaltensweisen, welche auch schweizerische Regierungen und Kirchen jahrhundertelang nicht dulden zu können glaubten? Welches waren die Herausforderungen und Fragen, mit denen eine meist erstaunlich geringe Anzahl täuferischer Männer und Frauen ihre Zeitgenossen in einem Ausmass verunsicherten, das heute zu überraschen vermag?

Erstens stellte das *freikirchliche Gemeindemodell* der Taufgesinnten das exklusive Modell der Landeskirche in ihrer engen Symbiose mit der politischen Obrigkeit in Frage. Mit der täuferischen Verweigerung des Eides sollte bezeugt werden, dass man bedingungslosen Gehorsam nur Gott, nicht aber irdischen Machthabern zu leisten gewillt war.

Die auf Freiwilligkeit beruhende Kirchenmitgliedschaft beim Täufertum stellte zweitens ganz generell die Frage nach der *Glaubens- und Gewissensfreiheit:* In den Augen der frühneuzeitlichen Gesellschaft waren Kirchenmitgliedschaft und regelmässiger Kirchgang unabdingbare Bürgerpflichten. Für die Taufgesinnten jedoch war beides gebunden an eine persönliche freiwillige Glaubensüberzeugung und die Bereitschaft, diese im eigenen Leben konkret umzusetzen.

Drittens waren sie überzeugt, dass bei den Gläubigen etwas von diesem *«Leben in Christus» auch äusserlich sichtbar* werden würde. Die verändernde Kraft von Gottes Geist vermag das Leben der Gläubigen in aller Gebrochenheit zu erneuern. Dieses Zeugnis, dieser Mut auch zum Nonkonformismus beeindruckte und verunsicherte gleichermassen die Aussenstehenden.

Viertens spielte beim Einüben dieses veränderten Lebensvollzugs *die Gemeinde* eine Schlüsselrolle. Sie ist der Ort konkreter Versöhnung und Entscheidungsfindung, Ort der Ermutigung und der Korrektur: An und in der Gemeinde sollen Menschen erleben oder erahnen können, was Liebe und Barmherzigkeit, Gerechtigkeit und Friede als gute Gaben Gottes an die Menschen sind.

Wichtig ist fünftens der Gedanke des *«Priestertums aller Glaubenden»* und damit eine Aufwertung und Hochachtung der einzelnen Gläubigen. Dahinter steckt die Überzeugung, dass kein Gemeindeglied über alle, aber jedes über einige Begabungen verfügt. Nur im Zusammenwirken aller vorhandenen Einsichten und Fähigkeiten kann Gemeinde Jesu sein und werden!

Sechstens zeichneten sich täuferische Gemeinschaften immer wieder durch ungewohnte und neuartige Formen *geschwisterlicher Solidarität* aus – etwa durch eine systematische Fürsorge für die Armen innerhalb der eigenen Gemeinde, bisweilen auch darüber hinaus.

Was siebtens immer wieder Anlass zu Verfolgung bot, war die *Verweigerung von Kriegsdienst.* Wo die meisten christlichen Kirchen bedenkenlos die militärischen Aktionen ihrer Regierungen absegneten, da hielten die Taufgesinnten etwas von der Erinnerung an einen Gott wach, der in Jesus Christus lieber sich selbst dahingab, als mit Macht und Gewalt seine Feinde zu vernichten.

All dies sind Anliegen, welche die Täuferbewegung quer durch die Jahrhunderte hindurch immer wieder vertreten hat – zur Zeit und zur Unzeit! Manches davon ist auch bei ihr mittlerweile verloren gegangen oder in den Hintergrund gerückt.

Es darf hier aber nicht verschwiegen werden, dass gerade die Täufergeschichte voller schmerzhafter Belege ist, dass sämtliche der oben positiv formulierten Anliegen auch ihre Kehrseite haben können. Der täuferische Mut zur Nicht-Anpassung hat bisweilen zu selbstgefälliger Besserwisserei, zu notorischem Querulantentum und zu einem Rückzug aus der Welt ins fromme Ghetto geführt; die täuferische Betonung von «Früchten der Busse» und eines veränderten Lebens in Christus ist bisweilen in eine krankmachende Leistungsfrömmigkeit und unbarmherzige Gesetzlichkeit ausgeartet. In ihrem guten und biblisch berechtigten Sinne sind mittlerweile manche dieser Anliegen auch von nicht-täuferischen Kirchen und Gruppierungen aufgegriffen worden.

Das Zeitalter der Kirche als einer triumphierenden Mehrheit nach konstantinischem Muster scheint vorbei zu sein – auch für Landeskirchen. Heute bewegt wohl alle Kirchen die Frage, was es heisst, als Minderheit in einer pluralistischen und individualistischen Zeit «Salz und Licht» zu sein. Das eröffnet neue Perspektiven: sowohl Gefährdungen als auch Chancen. Täuferische Geschichte und Gegenwart weiss um beides.

Über Sinn und Unsinn von «Versöhnungsevents»

Der ernsthafte Dialog zwischen reformierter und täuferisch-mennonitischer Tradition findet bekanntlich schon seit Längerem auf verschiedenen Ebenen statt. Hier gilt es, über Chancen und Grenzen solcher «Versöhnungsevents» auch theologisch vertieft nachzudenken: etwa über die Motive zu solchen Veranstaltungen, aber auch über die Frage, ob und inwiefern weit zurückliegende Schuld Konsequenzen bis in die Gegenwart hat.

In den Debatten zwischen Täufertum und Reformation ging es um zentrale Anliegen des Christseins und des Kircheseins. Beide Seiten haben biblisch wichtige Akzente gesetzt, die von der Gegenseite mit zunehmender Entfremdung immer weniger gehört worden sind. Prompt haben beide Konzepte infolge mangelnder Ergänzung und Korrektur Schlagseiten entwickelt. Heute haben wir die Chance, voneinander zu lernen und unser jeweiliges Anderssein weder als Bedrohung zu sehen noch es gegeneinander auszuspielen. Die folgenden Leitlinien könnten für diesen Prozess hilfreich sein:

1. Zum Versöhnungsprozess gehört die Erforschung und bessere Kenntnis der Geschichte beider Kirchen.
2. Alle Motive für den Versöhnungsprozess – so verschieden sie sein mögen – verdienen eine seriöse Prüfung.
3. Ein echter, offener Versöhnungsprozess kann uns helfen, die Stärken und Schwächen der eigenen Tradition neu zu entdecken und uns befreien zu einem glaubwürdigen Christuszeugnis.
4. Ein sinnvoller Versöhnungsprozess verlangt die offene Diskussion von theologisch kontroversen Fragen, denn Versöhnung schliesst unterschiedliche Standpunkte nicht aus.
5. Sich den Stärken und Schwächen der eigenen Tradition zu stellen und sie in gegenseitiger Achtung zu diskutieren beinhaltet das Potential zu Befreiung, Heilung und Erneuerung.
6. Das Bewusstsein, dass unser Erkennen, unsere Erfahrung und unser Leben Stückwerk ist (1Kor 13) macht uns frei, voneinander zu lernen, einander in der Verschiedenheit zu akzeptieren und in dieser Ergänzung füreinander und miteinander zu leben.

Täuferisches Erbe im ökumenischen Dialog – Eine reformierte Perspektive

Peter Dettwiler

Anlässlich meines Besuchs im Eastern Mennonite Seminary in Harrisonburg, VA, im Frühling 2005 überreichte mir einer der Professoren ein Andenken mit folgender Widmung: «Meinem Bruder Peter. In Dankbarkeit für das Geschenk deiner Gegenwart diese Woche. Möge Gott weiterhin dich und andere durch dich segnen. Dein Swiss Brethren Brother.»

«Swiss Brethren» war die geläufige Bezeichnung für die Schweizer Täufer, während die holländischen Täufer sich nach Menno Simons eben *Mennoniten* nannten. Beide Gruppen vermieden die Bezeichnung *Täufer* bzw. *Wiedertäufer*, weil sie damals einem Schimpfwort wie *Ketzer* gleichkam. Dass ein Nachfahre der «Swiss Brethren» und ein Schweizer Reformierter sich als Brüder erkennen und anerkennen ist eines jener kleinen Zeichen der Versöhnung. So wie es auch das Bekenntnis der Zürcher Kirche von 2004 festhält: «Wir anerkennen die Gläubigen der täuferischen Tradition als unsere Schwestern und Brüder und ihre Gemeinden als Teil des Leibes Christi, dessen unterschiedliche Glieder durch den einen Geist miteinander verbunden sind.»

Ziel der ökumenischen Bemühungen ist, dass wir einander zum *Geschenk* werden. Dass also der Reichtum der täuferischen Tradition auch für Reformierte und der Reichtum der reformierten Tradition auch für Taufgesinnte zugänglich wird und wir einander zum Segen werden.

Nun besteht da allerdings in verschiedener Hinsicht ein Ungleichgewicht zwischen reformierter und mennonitischer Kirche. Die beiden Kirchen sind – in der Schweiz wenigstens – bezüglich ihrer Grösse und ihrer geografischen Ausdehnung sehr verschieden, was den Dialog erschwert. Ein weiteres Hindernis ist unsere «Familiengeschichte», die über weite Strecken – nämlich während rund drei Jahrhunderten – ein dunkles und belastetes Kapitel darstellt. Auch hier besteht ein Ungleichgewicht: Sowohl die Geschichte der Verfolgung als auch die Schritte der Versöhnung sind im Bewusstsein der Mennoniten viel stärker präsent als bei den Reformierten. Dieses Defizit spricht das reformierte Bekenntnis von 2004 an: «Es ist an der Zeit, die Geschichte der Täuferbewegung als Teil unserer eigenen Geschichte zu akzeptieren, von der täuferischen Tradition zu lernen und im Dialog mit den täuferischen Gemeinden das gemeinsame Zeugnis des Evangeliums zu verstärken.»

Wir sind Zwillingsschwestern! Geboren aus der gleichen reformatorischen Bewegung. Gegründet auf dem gleichen Fundament, Jesus Christus. Erneuert und herausgefordert durch das gleiche göttliche Wort der Bibel. Und doch haben unsere Wege sich von Anfang an getrennt, hat die erstgeborene Schwester ihre Zwillingsschwester verstossen.

Dazu sei an die Geschichte von Sarai und Hagar im Alten Testament erinnert. Die schwangere Magd flieht vor dem harten Regime der Herrin in die Wüste, wo Gott ihr begegnet: «Der Bote des Herrn aber fand sie an einer Wasserquelle in der Wüste (...). Und er sprach: Hagar, Magd Sarais, wo kommst du her, und wo gehst du hin?» (Gen 16,7ff). Ist nicht die Frage nach dem Woher und Wohin die Frage nach der Identität?

Es gibt einige Parallelen zwischen der Geschichte von Sarai und Hagar und unserer «Familiengeschichte». Beide Halbbrüder, Ismael und Isaak, sind Söhne Abrahams. Mennoniten und Reformierte sind Söhne und Töchter der

Reformation. Und wie Hagar wurden auch die Täufer mit ihren Kindern verstossen. Doch was Ismael in der Wüste erlebte, erlebte auch die Täuferbewegung: «Gott aber war mit dem Knaben.» (Gen 21,20). Und die Verheissung an Hagar erfüllte sich auch an den Taufgesinnten: «Ich werde deine Nachkommen reichlich mehren, dass man sie nicht zählen kann in ihrer Menge.» (Gen 16,10). – Den Bund jedoch schliesst Gott nur mit Isaak und seinen Nachkommen. Er ist der «rechtmässige» Erbe.

Wer ist der eigentliche Erbe der Reformation? Hier ist mit der Parallele zur biblischen Geschichte grosse Vorsicht geboten. Aber es ist offensichtlich, dass die reformierte Kirche sich als die rechtmässige Erbin der (schweizerischen) Reformation sieht. Andererseits beansprucht die täuferische Tradition, die reformatorischen Anliegen radikaler verwirklicht zu haben.

Kehren wir zurück zu der entscheidenden Frage: «Wo kommst du her, und wo gehst du hin?» Was ist unsere reformierte und was unsere täuferisch-mennonitische Identität?

Dazu eine Vorbemerkung: Unsere Kirchen haben ihre Identität lange Zeit in der Abgrenzung gegen die Schwesterkirchen definiert. Die Reformierten haben ihre Identität in negativer Abgrenzung gegen die katholische Kirche behauptet. Dass die täuferische Identität sich ebenfalls in der Abgrenzung herausgebildet hat, ist angesichts der langen Zeit der Verfolgung verständlich. Die ökumenischen Beziehungen geben uns heute die Chance, im geschwisterlichen Dialog den Reichtum der eigenen Tradition neu zu entdecken und damit unsere Identität positiv zu definieren.

Identität und Charisma

Jede Kirche hat ein *Charisma*, das zum Aufbau des ganzen Leibes Christi beitragen kann und soll. Doch erst in der gegenseitigen Ergänzung und Anteilnahme entfalten diese «Geistesgaben» ihre volle Wirkung. Wenn die Kirchen ihre Gaben eifersüchtig für sich behalten, verkümmern oder entarten diese.[1]

Das Charisma der reformierten Kirche kann als das Charisma der Polarität von Konzentration und Offenheit bezeichnet werden. *Konzentration* auf Christus und das Wort. Viele reformierte Kirchengebäude sind in ihrer Schlichtheit einzig mit einem zentralen Vers aus der Bibel geschmückt. Auf dieses Wort konzentriert sich alles, aus diesem Wort lebt die Gemeinde. Und aus der Gegenwart des Auferstandenen, dort wo zwei oder drei in seinem Namen versammelt sind. Der Reichtum der reformierten Kirche besteht gerade in dieser Vereinfachung und Konzentration auf das Wesentliche des christlichen Glaubens. Diese Konzentration befreit zur Offenheit. Zur Offenheit für die ganze Bibel, Neues und Altes Testament, und zur aktiven Mitgestaltung und Umgestaltung der Gesellschaft. Wichtiger als die Kirche ist das Reich Gottes. Die Reformierten haben ein seltsam distanziertes Verhältnis zu ihrer eigenen Kirche. In dem Grundsatz des «semper reformanda», der beständigen Erneuerung, ist auch eine Relativierung der Kirche als Institution enthalten. Diese ambivalente Haltung

---

[1] Vgl. dazu Oscar Cullmann, *Einheit durch Vielfalt,* J. C. B. Mohr, Tübingen 1990 (2. Auflage), 14: Cullmann ist überzeugt, «dass jede christliche Konfession eine *unverlierbare* Geistesgabe, ein Charisma, hat, das sie *behalten,* pflegen, reinigen und vertiefen, und nicht einer Gleichschaltung zuliebe entleeren soll».

gegenüber der eigenen Kirche prägt die reformierte Identität bzw. die Unsicherheit über die eigene Identität.

Deshalb braucht diese reformierte Offenheit die Verankerung in der Konzentration auf den Kern des christlichen Glaubens, wenn die reformierte Kirche ihr Profil nicht in der Zuwendung zur Welt verlieren soll, womit sie gerade in den landeskirchlichen Verhältnissen der Schweiz ständig bedroht ist.

Diese knappe Definition des reformierten Charismas sei hier vorangestellt, weil sie als Vergleich in der Beschreibung des täuferischen Charismas möglicherweise eine Hilfe ist. Allerdings ist bei der Beschreibung mennonitischer Identität aus reformierter Sicht grosse Zurückhaltung geboten. Denn es ist eine der Grundregeln des ökumenischen Dialogs, dass nicht andere definieren, wer wir sind oder zu sein haben, sondern jede Kirche sich selbst darstellen kann, dass wir also zuerst aufeinander hören, bevor wir übereinander reden. Deshalb sei zunächst auf eine mennonitische Stimme verwiesen, nämlich auf einen Artikel von *John D. Roth,* erschienen im Januar 2005 in der amerikanischen Zeitschrift *The Mennonite* unter dem Titel: «Gib und nimm: Gedanken zu einer ‹gesunden› mennonitischen Ökumene.»

Der Autor erwähnt die verschiedenen Initiativen für eine ökumenische Annäherung, allen voran bzw. als vorläufigen Höhepunkt die Versöhnungsfeier in Zürich vom Sommer 2004 und schreibt: «Diese Initiativen zum Dialog drängen die Mennoniten dazu, über ihre Geschichte, ihren Glauben und ihr Handeln aus einer neuen Perspektive nachzudenken.»

Gleichzeitig fordern sie die Mennoniten heraus, über ihr Verständnis der Ökumene Klarheit zu gewinnen. Tatsächlich sind die Mennoniten gegenüber der ökumenischen Bewegung eher zurückhaltend, z. B. auch bezüglich der Mitgliedschaft im Ökumenischen Rat der Kirchen. Umso schöner, dass dort der Verantwortliche für die «Dekade zur Überwindung von Gewalt» (2000–2010) ein Mennonit ist!

Für die Zurückhaltung der Mennoniten gegenüber den ökumenischen Organisationen und Initiativen sieht John Roth vier Gründe: 1. Der Status als eine Minderheit und eine kleine Kirche macht vorsichtig. 2. Die Erinnerung an eine lange Geschichte der Verfolgung durch die grösseren und mächtigeren Kirchen macht skeptisch. 3. Das Bemühen um Frieden und Gewaltlosigkeit verstärkte die religiöse Aussenseiterrolle. 4. Viele fürchten, dass der ökumenische Dialog zu einer Verwässerung der täuferischen Lehre und Identität führen könnte.

In Wirklichkeit sind die Mennoniten schon seit Langem im ökumenischen Austausch engagiert und haben von Christen anderer Kirchen und Bewegungen vieles gelernt. Als Beispiel nennt John Roth den vierstimmigen Gesang, der von den Lutheranern «importiert» wurde und früher als eine «weltliche» Sitte abgelehnt wurde. Echte ökumenische Begegnung führt also zur Erkenntnis, dass Gott auch in anderen Gemeinschaften am Werk ist.

Echte ökumenische Anleihe führt zu einer gesunden Erneuerung, meint John D. Roth. Das verlangt jedoch die Gabe der Unterscheidung mit einer Haltung, die sich dem frischen Wind des Geistes öffnet, ohne sich jedoch wie Schilf im Wind von jeder neuen religiösen Welle bewegen zu lassen. Mennoniten stellen darum im ökumenischen Dialog folgende Fragen: 1. Führt der ökumenische Dialog zu einem besseren, ganzheitlicheren *Verständnis von Jesus*? – Insbesondere gehören in der täuferischen Tradition bei Jesus Lehre und Leben, Glaube und ethisches Handeln zusammen. 2. Bleibt beim ökumenischen Dialog im Blick, dass die *Gemeinde der Glaubenden* die Basis von Gottes rettendem Handeln in dieser Welt ist? – Der täuferischen Tradition sind der *gemeinschaftlich* gelebte Glaube und die

Unabhängigkeit der Kirche wichtig. 3. Hilft uns der ökumenische Dialog, das Zeugnis von Gottes *versöhnender Liebe* in dieser gebrochenen Welt zu verstärken? – Für die Anliegen von Versöhnung und Frieden hat die täuferische Tradition eine besondere Erfahrung, Sensibilität und Verantwortung.

Zusammenfassend meint John Roth: «Unsere täuferisch-mennonitische Identität ist weniger durch Lehrsätze als durch eine besondere religiöse Lebensweise bestimmt, die geprägt ist von einer tiefen Verwurzelung in unserer Geschichte und von unserer spezifischen Art (gemeinschaftlich) die Bibel zu lesen.»

Täuferisches Charisma

Welches ist nun das Charisma der täuferischen Tradition? John Roth weist mit obigen Fragen auf drei charakteristische Merkmale hin: erstens auf die *Integrität* des Glaubens an Jesus Christus, d. h. die Einheit von Glauben und Handeln, von Lehre und Leben, zweitens auf den *gemeinschaftlich* gelebten Glauben, d. h. die Kirche als Gemeinschaft der Glaubenden, welche sozusagen Gottes «Sprungbrett» in diese Welt ist. Damit verbunden ist die gemeinschaftliche Leitung der Gemeinde und die gemeinschaftliche Bibelauslegung. Und drittens auf das Zeugnis der *Versöhnung* und des Friedens aufgrund der Machtlosigkeit und Gewaltlosigkeit des Einzelnen und der Gemeinde.

Die Glaubenstaufe ist das sichtbare Zeichen dieser unverwechselbaren Identität, nämlich Ausdruck der Einheit von Glauben und verantwortlichem Handeln, Zeugnis für die bewusste Zugehörigkeit zur christlichen Gemeinschaft und Zeichen der Versöhnung jener Menschen, die mit Christus gestorben sind und mit ihm leben in der Liebe zum Nächsten.

Zusammenfassend könnte dementsprechend das *Charisma der täuferischen Tradition* folgendermassen charakterisiert werden:

Die täuferisch-mennonitische Kirche hat das Charisma der Integrität, der Gemeinschaft und der Versöhnung. Es sind drei Aspekte der einen Identität. Es ist die Berufung, den christlichen Glauben in der unauflöslichen Verbindung von Glauben und Handeln zu leben, und zwar gemeinschaftlich zu leben – als Zeugnis der versöhnenden Liebe Gottes.

Ich schliesse mit einer kleinen Erfahrung, nochmals anlässlich meines Besuches in Harrisonburg. Beim Abschied kam einer der Gastgeber auf mich zu und zeigte mir den in Leder gebundenen *Märtyrerspiegel*, den er von seinen Eltern geerbt hatte. Ich wusste, welche Bedeutung dieses kostbare Buch für ihn persönlich und für die täuferische Tradition hat. «Manchmal», sagte er, «sind wir in diesen Geschichten unserer Vorfahren gefangen. Sie sind unser Schatz und unsere Last.» Und er bat mich, ihm eine Widmung in den *Märtyrerspiegel* zu schreiben. Ich habe erst im Nachhinein verstanden, welche tiefe Symbolik in dieser Geste lag. Ein Mennonit öffnet einem Reformierten seinen *Märtyrerspiegel*. Wir beginnen, einander Anteil zu geben an unseren Schätzen. Und wenn wir das tun, dann werden diese kostbaren Perlen neu zu strahlen beginnen und uns gegenseitig bereichern.

Das Bekenntnis und sein Stellenwert

Peter Dettwiler

Das Schuldbekenntnis von reformierter Seite, welches mit der feierlichen Einsetzung der Erinnerungstafel für Felix Manz am Ufer der Limmat untermauert wurde, stiess in täuferischen Kreisen auf ein breites und positives Echo. Die Reaktionen auf reformierter Seite waren – soweit das Bekenntnis überhaupt zur Kenntnis genommen wurde – zurückhaltender. Seine Deutlichkeit machte einigen Mühe: «Wir bekennen, dass die damalige Verfolgung nach unserer heutigen Überzeugung ein Verrat am Evangelium war und unsere reformierten Väter in diesem Punkt geirrt haben.»

Wenn hier vom «Verrat des Evangeliums» die Rede ist, dann bezieht sich dies zunächst auf die *unbarmherzige* Verfolgung der Täufer, die in der Schweiz drei Jahrhunderte lang andauerte und auch bei aller Berücksichtigung der damaligen geschichtlichen Bedingtheiten vom Evangelium her nicht zu rechtfertigen ist. Und sie bezieht sich weiter auf die ausdrücklich *gewaltsame* Beseitigung des Täufertums. Sowohl Heinrich Bullinger, Zwinglis Nachfolger und Schöpfer des *Zweiten Helvetischen Bekenntnisses*, wie auch Johannes Calvin haben die Gewaltanwendung gegen die Täufer – Männer, Frauen und Kinder – mit Berufung auf die Bibel und Augustin zu rechtfertigen versucht. Einzelne Stimmen der Toleranz gegenüber den Glaubensgeschwistern verhallten ungehört. Die reformierte «Inquisition» gegen die täuferischen Ketzer und Staatsfeinde bleibt ein dunkles Kapitel in der Entstehungsgeschichte der reformierten Kirchen der Schweiz.

Wichtig ist deshalb in diesem Bekenntnis die ausdrückliche Widerrufung der Verurteilung der Täufer im

Zweiten Helvetischen Bekenntnis von 1566: «Wir halten fest, dass das Urteil über die Täufer im *Zweiten Helvetischen Bekenntnis*, das die Lehren der Täufer als unbiblisch verwirft und mit ihnen jede Gemeinschaft verweigert, für uns nicht mehr gilt und wir bestrebt sind, das Verbindende zu entdecken und zu bestärken.»

Von lutherischer Seite könnte eingeworfen werden, wie verpflichtend denn dieser Widerruf sei – wo doch die Verbindlichkeit etwa des *Zweiten Helvetischen Bekenntnisses* kaum mit jener der *Confessio Augustana* zu vergleichen sei. Tatsächlich haben die reformierten Bekenntnisse schon von ihrer Vielzahl her ohne jegliche hierarchische Gewichtung nicht das Gewicht der lutherischen Bekenntnistradition, welche 1580 mit dem Konkordienbuch ihren Abschluss fand. Zudem haben die reformierten Kirchen der Schweiz die Verpflichtung auf kirchliche Bekenntnisse im 19. Jahrhundert überhaupt aufgegeben.

Denn für die so sehr auf Christus und das Wort konzentrierte reformierte Kirche bleibt jeder Katechismus und jedes Glaubensbekenntnis gegenüber der Heiligen Schrift zweitrangig und vorläufig, wie etwa Karl Barth in seiner «Theologie der Reformierten Bekenntnisschriften» 1923 unterstreicht: «Vor Allem nötig ist, dass die Lehre der Kirchen überall und immer wieder auf die heilige Schrift begründet wird, und das bedingt gerade nicht Bekenntnis*einheit*, sondern Bekenntnis*freiheit* der einzelnen Kirchen unter- und nebeneinander.» [1]

Für Barth liegt die Bedeutung des Bekenntnisses in der reformierten Kirche gerade «in seiner wesentlichen *Nicht-*

---

[1] Karl Barth, *Die Theologie der Reformierten Bekenntnisschriften,* 1923, Karl Barth-Gesamtausgabe, 2. Akademische Werke, TVZ 1998, 21.

Bedeutung, in seiner offenkundigen Relativität, Menschlichkeit, Vielheit, Veränderlichkeit, Vergänglichkeit.»[2]

Es fällt daher den reformierten Kirchen sicher leichter, die eigenen Bekenntnisse zu korrigieren, wie dies das *Zweite Helvetische Bekenntnis* selbst in der Vorrede verlangt: «Vor allem bezeugen wir, dass wir immer völlig bereit sind, (…) denen, die uns aus dem Worte Gottes eines Besseren belehren, nicht ohne Danksagung nachzugeben und Folge zu leisten im Herrn, dem Lob und Ehre gebührt.»

Das Bekenntnis von Zürich vom 26. Juni 2004 steht in dieser reformierten Tradition, wenn es jener Belehrung Folge leistet. Seine Akzeptanz findet es jedoch, wie jedes reformierte Bekenntnis, in erster Linie durch seine innere Kohärenz und nicht aufgrund der Legitimation durch eine kirchliche Autorität.

Auch der so häufig zitierte reformierte Grundsatz des «semper reformanda» verpflichtet die Reformierten dazu, dieser ständigen Reform auch das Verhältnis zu ihrer Zwillingsschwester, der Täuferbewegung, zu unterziehen mit der Bereitschaft, in ökumenischem Bemühen das reformatorische Erbe zu teilen. Denn die lange Geschichte der christlichen Spaltung geht ja immer wieder zurück auf den Anspruch, das biblische oder christliche oder reformatorische Erbe besser oder reiner oder gar alleinig verwaltet und verwirklicht zu haben. In Wirklichkeit müssen wir uns heute eingestehen, dass wir mit dem gewaltsamen Exodus der Täufer ein wichtiges Korrektiv preisgegeben haben. So hält denn auch das Zürcher Bekenntnis von 2004 fest: «Wir achten den radikalen Ansatz der Täuferbewegung, als eine freie Gemeinschaft von entschiedenen Gläubigen Salz der Erde und Licht der Welt zu sein und die Botschaft der Bergpredigt konkret umzusetzen.»

---

[2] Ebd., 63.

In dieser Achtung liegt der Ansatz für einen ökumenischen Dialog, der dazu führt, dass das spezifische Charisma, das Gott jeder Kirche anvertraut hat, nicht mehr zur gegenseitigen Abgrenzung missbraucht wird, sondern der gegenseitigen Bereicherung und Ergänzung dient.

Neue Horizonte

John E. Sharp: In Zürich zu Hause

Wenn Mennoniten und Amische aus dem ländlichen Pennsylvania oder Ohio die sanften Hügel des Emmentals sahen, dann riefen sie oft ehrfürchtig aus: «Hier fühle ich mich zu Hause.» Nachdem wir nun in Zürich die Grosszügigkeit und Gastfreundschaft der Reformierten Kirche erlebt haben, können wir sagen: «Wir fühlen uns auch in Zürich zu Hause.» Und das hat einen Einfluss auf die Art und Weise wie ich die Geschichte der Täuferbewegung erzähle.

Eine Geschichte, die in Zürich mit Zwinglis Predigten im Grossmünster einen hoffnungsvollen Anfang nahm und mit dem Martyrium von Felix Manz in den eisigen Wassern der Limmat und der Enthauptung von Hans Landis abbrach.

Abb. 3: John E. Sharp (rechts) erhält von Ruedi Reich ein Präsent zur Erinnerung an die Einweihung der Gedenktafel.

Wenn ich jetzt am Westufer der Limmat stehe und die neue Inschrift der Gedenktafel lese, dann weiss ich: Diese Geschichte hat ein neues Ende gefunden. Die Verfolger unserer Vorfahren, welche über Jahrhunderte diese Ereignisse zu vergessen suchten, stehen heute dazu und haben diesen Gedenkstein gesetzt. Sie haben ihre «historische Sünde» anerkannt und sehen die Verfolgung als einen «Verrat am Evangelium». Sie und wir sind «Zweige desselben Astes am grossen christlichen Baum». Wir sind berufen, im Kleinen und im Grossen für Gottes Versöhnung zusammenzuarbeiten. Mit dieser gemeinsamen Aufgabe ist uns nun auch Zürich zu einer Heimat geworden.

Franklin Yoder: Zu spät für eine Entschuldigung?

Ich war nicht sicher, was mich in Zürich erwarten würde. Ich hatte keine negativen Gefühle gegenüber Reformierten und fragte mich deshalb, wie ich mit jemandem versöhnt werden sollte, der mir persönlich nichts angetan hatte. Doch die Teilnahme an diesem Tag der Begegnung wurde zu einem eindrücklichen Erlebnis, das meine Sicht der Dinge erweitert und verändert hat.

Zwei Dinge beeindruckten mich: erstens der Aufenthalt in Zürich, am Ort des Geschehens, in der Kirche, wo alles begann. Ein Besuch an dem Ort, wo Geschichte sich ereignete, ist durch kein Medium zu ersetzen. Deutlicher als je zuvor wurde mir bewusst, warum die Ereignisse von 1525 zum Tod von Felix Manz geführt hatten. Eine Ausstellung im Grossmünster über das Leben von Heinrich Bullinger liess mich besser verstehen, warum solche Gestalten wie Felix Manz für die Reformatoren eine Bedrohung darstellten. Zweitens: Obwohl ich kein dringendes Bedürfnis für eine Versöhnung mit der Reformierten Kirche von Zürich verspürte, wurde dieser Tag doch zu einem bewegenden Erlebnis. Einerseits kam diese Entschuldigung viele Jahre zu spät. Andererseits erinnerten mich die aufrichtigen Worte der Reue daran, dass das Eingeständnis von Fehlern auch viele Jahre später noch Sinn macht und etwas Heilendes an sich hat.

Ich war beeindruckt davon, wie Vertreter der Reformierten Kirche Schuld beim Namen nannten und ihrer Hoffnung Ausdruck gaben. Gerade indem sie diesen Aspekt ihrer Vergangenheit nicht verleugneten, sondern ernst nahmen, zeigten sie eine Ehrlichkeit und Verantwortlichkeit, die für mich erfrischend und motivierend war. Die reformierte Kirche dürfte von diesem Ereignis selbst den grössten Nutzen empfangen, denn es ist schwieriger und vielleicht bedeutungsvoller, um Entschuldigung zu bitten, als diese anzunehmen. Wir sind immer schnell bereit, unsere Triumphe zu feiern und uns mit ihnen in ein gutes Licht zu stellen. Aber wir sind weniger willig, unsere Mängel und Fehler zu anerkennen.

In gewissen Momenten fragte ich mich sogar, ob auch wir Täufer für die Verfehlungen unserer geistlichen Vorfahren hätten um Entschuldigung bitten sollen. Zu oft haben wir in unserer eigenen Geschichte das Chaos und die Zerrissenheit, welche wir in der damaligen Gesellschaft verursacht haben, ausgeblendet. Nach wie vor glaube ich, dass die Hinrichtung der Täufer ein Unrecht war. Doch ich sehe auch, wie ihr Verhalten zeitweise extrem und wenig hilfreich war. Jede Geschichte hat zwei Seiten, und von dieser weniger ehrenvollen Seite sprechen wir seltener, wenn überhaupt.

Dan Nighswander: Wir stehen noch am Anfang

Ich glaube, dass dieser Schritt der Versöhnung unmittelbare und zukünftige Bedeutung für die mennonitischen und die reformierten Kirchen hat. Nur wenn sie sich der Vergangenheit stellen, können die geistlichen Nachfahren von Zwingli und die geistlichen Nachfahren von Felix Manz Schulter an Schulter als versöhnte Geschwister der Familie Christi der Zukunft entgegengehen. Ereignisse wie jenes von Zürich helfen uns und zwingen uns, uns nicht länger entweder als Opfer der Verfolgung oder, wegen des Martyriums unserer Vorfahren, als die von Gott Privilegierten zu betrachten.

Allerdings genügt eine Veranstaltung nicht. Versöhnung verlangt weitere Schritte. Zu viele Fragen sind noch offen. Einige dieser Fragen wurden bereits an Treffen zwischen reformierten und täuferischen Kirchen in den Jahren 1983 und 1989 diskutiert, und die Gemeinden beider Traditionen wurden eingeladen, einander kennenzulernen und nach Wegen für ein gemeinsames Christus-Zeugnis zu suchen.

John D. Rempel: Von Huldrych Zwingli zu Larry Miller

Die Tagung fand im Grossmünster statt, der Mutterkirche sowohl der Schweizer Reformierten als auch der Schweizer Täufer. Hier predigte Zwingli die befreiende Botschaft der Bibel. Von ebendieser Kanzel verkündete Larry Miller, Generalsekretär der Mennonitischen Weltkonferenz, eine heilende und herausfordernde Botschaft. Und vom Taufstein aus erklärte der Präsident der Landeskirche mit sichtlicher Betroffenheit, dass die Reformierten mit der Anwendung von Gewalt in Sachen des Glaubens ihrem eigenen Verständnis des Evangeliums widersprochen hätten.

Was sollen wir mit diesen ausserordentlichen Zeugnissen anfangen? Ich bin mit grosser Dankbarkeit zurückgekehrt, aber ebenso mit dem Bewusstsein einer bleibenden ökumenischen Herausforderung. Einerseits fand ich es bemerkenswert, dass eine gewichtige Institution um Vergebung bittet. Unsere reformierten Gastgeber haben einen Aspekt ihrer eigenen Geschichte hinterfragt. Und das ausgerechnet im Jubiläumsjahr, das den Verdiensten von Zwinglis Nachfolger Heinrich Bullinger gewidmet war. Eine alte Wunde ist nun geheilt und eine neue Ära hat begonnen. Wir sind dazu gerufen, die Versöhnung, die der Heilige Geist in uns bewirkt hat, weiterzutragen in unsere Kirchen und Gemeinden.

Andererseits habe ich während meines Aufenthalts in Zürich die Gelegenheit benutzt, mit möglichst vielen Pfarrern und Pfarrerinnen ins Gespräch zu kommen. Dabei habe ich beobachtet, dass unser Kirchenverständnis grundverschieden ist. Viele können sich offenbar eine Kirche ohne finanzielle und institutionelle staatliche Unterstützung nicht vorstellen. Hier scheint sich seit den Zeiten der Reformation wenig verändert zu haben. An uns liegt es nun, ebenso sehr den Geist aufrichtiger Reue zu bezeugen und unsere Fehler einzugestehen. Wenn wir uns darin ehrlich bemühen, dann kommen wir vielleicht eines Tages an den Punkt, wo wir mit unseren Schweizer Freunden in einen tieferen Dialog über unser unterschiedliches Kirchenverständnis treten können.

Jon M. Ebersole: Heilung ist möglich

Als Kind lernte ich zwei Dinge gleichzeitig über die Schweiz, noch bevor ich dieses Land auf der Weltkarte finden konnte. Erstens, dass meine Vorfahren die Schweiz vor einigen hundert Jahren verlassen hatten und zweitens, dass sie auswanderten, weil die Anführer unserer Kirche festgenommen und in der Limmat ertränkt worden waren. Das war vor 480 Jahren. Wie alle anderen Mennoniten und Amische rund um den Globus wuchs ich mit dem *Märtyrerspiegel* auf, jenem Buch also, das von diesen Hinrichtungen und Verfolgungen berichtet und Teil unserer täuferischen Identität ist.

Vor zwei Sommern entschuldigten sich der Stadtrat von Zürich und die Reformierte Landeskirche offiziell bei den Amischen und Mennoniten. Ich war an diesem denkwürdigen Tag anwesend, unten am Ufer der Limmat. Ich muss gestehen, dass ich mich von einer schweren Last befreit fühlte, deren Gewicht mir nicht wirklich bewusst gewesen war. Gleichzeitig fühlte ich mich etwas lächerlich, bin ich doch in amerikanischen Vorstädten in Frieden, Sicherheit und Wohlstand aufgewachsen. «Brauchen wir wirklich solche Versöhnungsevents?» schrieb im vergangenen Jahr ein mennonitischer Autor. Meine kurze Antwort heisst: Ja! Carolyn Yoder schreibt, dass kollektive Traumata einen kollektiven Heilungsprozess nötig machen, um diese Ereignisse wirklich hinter uns lassen zu können und von der Last der Vergangenheit, die über Generationen weitergegeben wurde, befreit zu werden. Die Botschaft meiner bescheidenen Erfahrung lautet: Heilung ist möglich, Gott sei Dank ist Heilung möglich. Vertrauen kann wieder hergestellt werden.

Ausblick: Wozu der Dialog mit den Täufern?

Michael Baumann

Die Frage «Wozu der Dialog mit den Täufern?» mag unanständig erscheinen, zumal in einem Bändchen, das mit einem tiefen und ernst gemeinten Bekenntnis beginnt. Dieses Bekenntnis benennt die lang andauernde und unheilvolle Verfolgung der Täufer durch die reformierte Kirche und ist Ausdruck einer in der Gegenwart wieder verstärkt wahrgenommenen Scham einer kirchlichen Gemeinschaft angesichts des Unrechts, das den Täufern einst angetan wurde.

Historisches Unrecht zu benennen hat seine Berechtigung in sich selbst, respektive in dem Begangenen und Erlittenen. Gerade in der Kirche ist die Einsicht nötig, dass die Kirche als Institution immer eine irdische Gemeinschaft und als solche anfällig und mit Fehlern behaftet ist. Solche Selbstbeschränkung schützt vor Hochmut und vor den mannigfaltigen Verwechslungen mit dem wahren Reich Gottes.

Aus den Verfehlungen der Vergangenheit kann zumindest beschränkt abgeleitet werden, auf was in der Gegenwart und in der Zukunft geachtet werden muss, um nicht dieselben Fehler zu wiederholen.

Darüber hinaus ist zu fragen, was im Speziellen die reformierten Kirchen aus einem vertieften Dialog mit den taufgesinnten Kirchen und Gemeinschaften lernen können. Dazu mögen folgende Punkte anregen.

Memoria passionis – Vergegenwärtigung des Leidens Christi

Die reformierten Kirchen der Schweiz stehen in einer Tradition der engen Verflochtenheit mit der jeweiligen Geschichte und Gesellschaft. Das betrifft sowohl die Geschichte ihres Wachstums und ihres historischen Einflusses auf Politik, Kultur und Gesellschaft, wie auch die leidvolle Geschichte von Unterdrückung und Marginalisierung derer, die zu verschiedenen Zeiten nicht in den Rahmen dessen passten, was als Norm galt oder zu gelten hatte. Dass Kirchen hier in der Rolle der Täter standen, die Leid verursachten, ist darum auch besonders tragisch, weil sie umgekehrt immer wieder auch in der Position der Opfer waren, die Leid zu erfahren und zu erdulden hatten. Erlittenes und verschuldetes Leid gehören offenbar auch in der Geschichte der reformierten Kirchen zur Existenzgrundlage.

Gerade angesichts des verkündeten Leidens Christi ist es wichtig, verschuldetes und erduldetes Leid auch der kirchlichen Gemeinschaften zur Sprache zu bringen. Die Erinnerung an das Leiden Christi könnte dabei als Leitschnur dienen, wobei dies selbstredend nicht als einfache Selbstbestätigung oder gar als Weg der billigen Gnade verstanden werden darf. Im Gegenteil: Die Erinnerung an das Leiden Christi ist eine zusätzliche Erschwerung, die aber – in der Fokussierung auf das letztlich im christlichen Sinn als alles Leid transzendierende Leiden Christi – neue Deutungsmöglichkeiten eröffnet.

Wie hätte dies im Blick auf die Geschichte der Auseinandersetzung zwischen den reformatorischen Kirchen und den taufgesinnten Gemeinschaften zu geschehen?

Im Hinblick auf die taufgesinnten Gemeinden bleibt nur die Geste der ausgestreckten, offenen Hand. Eine Bitte um

Vergebung, gar um Entschuldigung mag nach Hunderten von Jahren, in denen dies verpasst worden war, schal oder gar zynisch wirken. Die Bitte hingegen, die ausgestreckte Hand anzunehmen, ist etwas anderes. Dies beinhaltet die Bereitschaft zum Dialog und zum Hören auf die Botschaft und Meinung der allzu lange marginalisierten Schwesterkirchen. Dass dies im gemeinsamen Bekenntnis zum Auferstandenen geschieht, der durch sein eigenes Leiden einen Weg zum Leben jenseits der irdischen Gegensätze und Machtverhältnisse verheissen hat, könnte dazu beitragen, dass der Dialog nicht auf oberflächliche Freundlichkeiten beschränkt bleibt, sondern geprägt ist von echtem gegenseitigem Interesse und dem wachen Wunsch, dem zentralen sakramentalen und Gemeinde stiftenden Ritus der Taufe Raum und Bedeutung zuzumessen.

Kontrasterfahrung

Im Glauben und in der daraus abgeleiteten Lebenspraxis der Täufergemeinschaften erkennen wir, dass scheinbar Selbstverständliches, weil in langer Tradition so Gewachsenes, auch in Frage gestellt werden kann. Es geht in der Infragestellung der Kindertaufe um weit mehr als nur um die Frage nach dem genuin dem Neuen Testament entsprechenden Ritus.

Dahinter stehen die Fragen nach (subjektiv) verifizierbarem Glauben, nach der Erfahrbarkeit und nach der Erinnerungsfähigkeit von Gottesnähe sowie gelebter, lebendiger kirchlicher Gemeinschaft.

Die taufgesinnten Kirchen sind die sozusagen «menschgewordene» Anfrage an die reformierte theologische Lehre und Praxis. Dass es seit dem Beginn der Reformation einen Seitenzweig zur offiziellen reformierten Kirche gibt, der trotz aller Verfolgung überlebt und eigene Glaubensfrüchte und -traditionen hervorgebracht hat, soll als Fingerzeig und stete Mahnung dafür dienen, immer wieder das eigene Taufverständnis zu hinterfragen und uns die Beweggründe und Überzeugungen der taufgesinnten Schwesterkirchen bewusst zu machen. So gesehen könnte im besten Sinn die historische Auseinandersetzung, dass es «die Andern» in Gestalt der täuferischen Gemeinschaften auch gibt, und diese Gemeinschaften eine andere, aber auch ernst zu nehmende Theologie vertreten, zu einer qualifizierten Auseinandersetzung mit «modernen» Anfragen an die reformierte Taufpraxis führen. Zumindest wird die reformierte Position der Kindertaufe durch den Kontrast in Gestalt des andern Zweiges reformatorischer Kirchen gezwungen, sich stets neu zu legitimieren und selbst zu vergewissern.

Intensivierung

Die Erfahrung, dass auch anders geglaubt werden kann, ja noch pointierter: dass auch anders «richtig» geglaubt werden kann, intensiviert darüber hinaus die eigene Taufüberzeugung und ist Chance zur Profilierung. Dies geschieht nicht im unverrückbaren Festhalten an dem, was immer schon gepflegt wurde, sondern in der Bereitschaft, die eigene Position im echten Dialog auch in Frage stellen zu lassen.

Wenn auch möglicherweise nie Gewissheit darüber erlangt werden kann, was die rechte und letztgültige Taufpraxis ist, so kann doch darüber Gewissheit erreicht werden, was in der Taufe intendiert, bezweckt und dargestellt werden soll. Vieles, was die der Taufe vorausgehende Gabe Gottes betrifft, wurde in Gesprächen mit taufgesinnten Kirchen als Gemeinsames erkannt. Vieles von dem, was als

Konsequenz der jeweils gängigen Taufpraxis gesucht wird, harrt noch der gegenseitigen Wahrnehmung.

Das gegenseitige Ernstnehmen unterschiedlicher Taufverständnisse führt so notwendigerweise dazu, dass die Taufe und ihre Bedeutung den je eigenen Kirchenmitgliedern neu vermittelt werden muss. Was den Anfang in kirchlicher Tauf- und Familienarbeit genommen hat, müsste in einem weiteren Schritt sowohl im Hinblick auf die Mitgliedschaft in der reformierten Kirche wie auch didaktisch weiter ausformuliert werden. Natürlich können ökumenische Errungenschaften dabei nicht aufs Spiel gesetzt werden und die Einmaligkeit der Taufe als sakramentaler Akt ist nicht zu bestreiten. Demgegenüber könnte über die gängige Taufarbeit hinaus das Bewusstsein für die Mitgliedschaft in einer christlichen Kirche *durch* die Taufe durchaus vergrössert werden. Beide kirchlichen Stränge, der reformiert-kirchliche wie der taufgesinnt-freikirchliche, können daraus ein vertieftes Eigenverständnis beziehen; das Verständnis, begründet anders als die je andere Schwestertradition zu sein.

Visualisierung

Aus dem begründeten Verständnis, dass wir eben anders sind und einer andern Tradition gemäss leben und glauben, folgt das Sichtbarmachen dessen, was in reformierter Tradition Taufe bedeutet und ist. Wenn aus der Kontrasterfahrung eine Intensivierung der eigenen Praxis folgt, so folgt aus der Pointierung der Zug zur Visualisierung, zur Gestaltwerdung dessen, was uns die Taufe bedeutet und wie sie gepflegt wird.

Was beiden, ja allen christlichen Kirchen gemeinsam ist – das Verständnis, dass mit der Taufe ein Mensch in unverrückbare Gottesnähe und Gottesbeziehung tritt – und was in der sakramentalen Handlung vollzogen wird, das muss in reformierter Tradition Ausdruck auch in biografisch erlebbaren und erinnerbaren Handlungen finden. Ob das eine verdeutlichende Arbeit im Konfirmandenalter meint oder ob (jungen) Erwachsenen oder Eltern die Möglichkeit vermehrter Tauferinnerungen gegeben werden soll, kann hier nicht bestimmt werden. Sichtbare Taufregister in den Kirchen, Taufgottesdienste mit Kindern, alternative Tauffeiern mit Jugendlichen und die Integration der Taufthematik in katechetische Gefässe können nur der Anfang sein. Experimente mit Tauf- und Konfirmationsjubiläen, Taufbestätigungen in Zielgruppengottesdiensten wie auch die Aufnahme der Taufe in Seelsorge und Beratung sollten gewagt werden und werden in der Tat auch mit Erfolg vollzogen.

Die Chance, in der liturgischen, in der seelsorgerlich-biografischen wie auch in der katechetischen Arbeit vermehrt auf die Taufe Bezug zu nehmen, diese Chance sollte sich die reformierte Kirche nicht entgehen lassen. Denn dadurch würde eine fast 500jährige Anfrage endlich kreativ aufgenommen und umgesetzt.

Zweiter Teil

Gegeneinander — nebeneinander

miteinander

Dokumente der Tagung
«Die Reformation und die Täufer»
vom 26. Juni 2004 in Zürich

«Das sind auch Reformierte»

Stephan Landis

Am «Täufertag» ging es angesichts einer Geschichte von Entfremdung und Verfolgung einerseits um Versöhnungsgesten, anderseits um die inhaltliche Diskussion von Gemeinsamkeiten und Differenzen.

«Wir sind also nicht Wiedertäufer und haben mit ihnen rein nichts gemein», hat Bullinger im *Zweiten Helvetischen Bekenntnis* 1566 formuliert.

«Hier irrt Heinrich Bullinger, historisch und theologisch», kommentiert der Kirchenratspräsident der Evangelisch-reformierten Landeskirche des Kantons Zürich, Ruedi Reich, im Blick auf eine lange Geschichte von Entfremdung und Verfolgung, für die Bullinger und die reformierten Kirchen insgesamt Mitverantwortung tragen.

Dazu ein Bild, irritierend und anrührend zugleich: Hoch über dem Choraufgang des Grossmünsters hängt als Teil der laufenden Bullinger-Ausstellung das Porträt des Reformators als Prediger. Darunter versammelt sich ein mennonitischer Ad-hoc-Chor und singt ein altes Lied aus jener Tradition, an der die Täufer durch Jahrhunderte der Unterdrückung unbeirrt festgehalten haben.

Etwa 300 Besucherinnen und Besucher, viele davon Mennoniten aus der Schweiz, aus Europa und Übersee, haben an der Tagung «Die Reformation und die Täufer» teilgenommen, welche die reformierte Zürcher Kirche im Rahmen des Bullinger-Jubiläumsjahres organisierte. Unter den Gästen aus Übersee befand sich auch ein Nachkomme von Hans Landis, der als letzter von sieben Zürcher Täuferführern 1614 hingerichtet worden ist.

«Schritte zur Versöhnung» bildeten unter diesen Vorzeichen einen erklärten Schwerpunkt der Zürcher Tagung. Es sind nicht die ersten Schritte; seit dem Abbau der staatlichen Repression im Gefolge von Aufklärung und Pietismus hat es da und dort auch theologische und kirchliche Kontakte mit Täufern gegeben.

Abb. 4: Mennonitischer Ad-hoc-Chor im Grossmünster in Zürich.

Am 26. Juni 2004 standen zwei symbolische Gesten im Vordergrund: einerseits ein Bekenntnis der Evangelisch-reformierten Kirche des Kantons Zürich, vorgetragen von Ruedi Reich im Rahmen eines gemeinsamen Gottesdienstes im Grossmünster: «Wir bekennen, dass die damalige Verfolgung nach unserer heutigen Überzeugung ein Verrat am Evangelium war und unsere reformierten Väter in diesem Punkt geirrt haben.» Im Namen der Konferenz der Mennoniten der Schweiz dankte der Präsident von deren Ältestenrat, Ernest Geiser, für dieses Bekenntnis. «Wir möchten es im Geist der Vergebung annehmen.» In der heutigen Zeit gebe es für die Schweizer Mennoniten «keine Kirche mehr, der wir uns entgegenstellen müssen, und ihr habt keine Gläubigen mehr, die gewaltsam integriert werden müssen». Auch von mennonitischer Seite aus wünsche man sich einen längerfristigen Dialog.

Als zweite Versöhnungsgeste wurde im Rahmen der Tagung eine Gedenktafel an der Stelle enthüllt, wo 1527 Felix Manz als erster Täufer in der Limmat ertränkt wurde. 1952 war der Plan für eine solche Tafel noch am Einspruch des Zürcher Stadtrates gescheitert. Am Samstag meinte Robert Neukomm als Vertreter der heutigen Stadtregierung, die Weigerung seiner Amtsvorgänger sei heute fast nicht mehr nachvollziehbar. Wie Ruedi Reich, der sich hier ein zweites Mal an die Mennoniten wandte, bat Neukomm um Vergebung für die Hinrichtung der sieben Täuferführer und auch für die weitere Unterdrückung und Vertreibung der Täufergemeinden.

Dass solche Versöhnungsgesten nicht auf einen Schlag alle Vorbehalte ausräumen können, zeigte sich in Zürich daran, dass man im Gottesdienst – mit Rücksicht auf Einwände nordamerikanischer Gäste – kein Abendmahl miteinander feierte. Auch deshalb waren an der Zürcher Tagung Elemente von besonderer Bedeutung, bei denen es zu inhaltlicher Auseinandersetzung mit der Position der Gegenseite (und damit immer auch der eigenen) kam.

So formulierte Hanspeter Jecker, Dozent am mennonitischen Theologischen Seminar Bienenberg, thesenartig Stärken und Schwächen des Täufertums als kritische Anfragen an die eigene und die reformierte Tradition. Als historische Stärken nannte er das freikirchliche Gemeindemodell gegenüber oft unguter landeskirchlicher Symbiose mit dem Staat, freiwillige Kirchenmitgliedschaft als Impuls in Richtung Glaubens- und Gewissensfreiheit, Mut zu Nonkonformismus aus der Überzeugung heraus, dass das

Leben in Christus auch äusserlich sichtbar werde, die Schlüsselrolle der Gemeinde als Ort konkreter Versöhnung und Entscheidungsfindung, die Aufwertung des einzelnen Gemeindegliedes im Gedanken des Priestertums aller Gläubigen, neuartige Formen der Solidarität und die Verweigerung des Kriegsdienstes gegenüber unkritischem Absegnen militärischer Aktionen durch manche Staatskirchen.

Umgekehrt vermerkte Jecker als Kehrseiten dieser Stärken selbstkritisch einen täuferischen Hang zu Besserwisserei und Leistungsfrömmigkeit, zum Rückzug ins fromme Ghetto und zu einem traumatisierten Geist der Menschenfurcht.[1]

Kirchenratspräsident Ruedi Reich nannte – neben Gefahren wie jener der Unverbindlichkeit – spezielle Chancen und Stärken der Volkskirche: etwa die Präsenz in Spitälern und Gefängnissen, aber auch an Bahnhöfen oder Flughäfen, oder die Einheit, die man im 19. Jahrhundert bewahren konnte, während sich Freikirchen immer wieder spalteten. Dabei habe man sich von allen Bekenntnissen getrennt und als Grundlage nur das «Evangelium von Jesus Christus» behalten, das man allerdings immer wieder in die eigene Kirche hineintragen müsse. Reich würdigte ausserdem die Ökumene, gerade auch mit den Katholiken, die gleichberechtigte Teilnahme der Frauen in der Landeskirche, die karitative Tradition der Reformation und die anhaltende Prägung durch die religiös-soziale Bewegung, so dass die soziale Frage eine kirchliche Frage bleibe.

Unter dem Titel «Volkskirche oder Bekenntniskirche?» zeigte Pierre Bühler, Professor für Systematische Theologie und selber aus einer Täuferfamilie im Berner Jura stammend, thesenartig Felder für eine fruchtbare Diskussion

---

[1] Vgl. S. 37–39, «Was Mennoniten glauben».

zwischen Täufern und Reformierten auf.[2] Dies in einer Situation, in der die reformierte Kirche, die aus der Tradition der Mehrheitskirche lebt, zunehmend mit den Schwierigkeiten einer Minderheitskirche konfrontiert werde, während die täuferische Kirche sich traditionell als Minderheitskirche verstehe, sich aber zunehmend den Herausforderungen der Mehrheitskirche – die sie selber allerdings nie sein werde – stellen müsse.

Dies zeigt sich für Bühler zum Beispiel im alten «Scheidungsgrund», an der Frage von Erwachsenen- und Kindertaufe: Die reformierte Kirche entdeckt heute für sich die Erwachsenentaufe neu als Zeichen eines verbindlichen Einstehens für den Glauben; die Täufer dagegen beschäftigen sich mit der Möglichkeit einer Kinderdarbringung, also mit der Aufgabe, Familienleben in der modernen Welt in die Zusage der Liebe Gottes einzubetten.

Virulenter, so zeigte eine anschliessende Podiumsdiskussion, waren zwei weitere Punkte, die Bühler anführte: erstens die Frage der Mitgliedschaft. Die formale Regelung bei der Volkskirche, im Extremfall nur durch die Kirchensteuer, erlaubt zwar die Unterscheidung von sichtbarer und unsichtbarer Kirche, bringt aber die Gefahr der Unverbindlichkeit mit sich. Eine auf freiwilligem Einsatz gegründete Mitgliedschaft dagegen kann Freiwilligkeit auch zum Zwang werden lassen.

Das zweite Problem, das zu reger Diskussion Anlass gab, war die Frage des Verhältnisses der Kirche zu Öffentlichkeit und Welt. Die Täuferbewegung, so Bühler, wolle den Kontrast zur Welt zum Ausdruck bringen, gerate dabei aber in die Gefahr, den Rückzug aus der Welt zu privilegieren. Die Volkskirche wiederum verstehe sich als der Welt und Gesellschaft eng verbunden, komme aber dabei

---

2 Thesen vgl. S. 86–88.

leicht in den Verdacht der Verweltlichung. Für Ruedi Reich ist es «schlicht eine Tatsache, dass wir in die Welt verstrickt sind». Das sei keine Frage der Kirchengestalten. Die Grade der Abgrenzung verliefen heute quer zu den Kirchenformen: Staatskirchen, die wegen ihrer Verbindung mit dem Staat gescholten würden, seien oft kritischer als die Freikirchen.

Der Mennonitenpastor Ernest Geiser stellte bei den Täufern eine Tendenz fest, mehr gesellschaftliche Verantwortung zu übernehmen als früher; Bühler konstatierte dafür bei den Reformierten eine gewisse Müdigkeit in der Wahrnehmung des Wächteramts für Staat und Gesellschaft.

Grundiert blieben solche Diskussionen zwischen Täufern und Reformierten während der ganzen Zürcher Tagung von der Betonung der Gemeinsamkeit. Der Historiker Urs B. Leu unterstrich die anfängliche Nähe der Täufer zu Zwingli; Larry Miller, der Generalsekretär der mennonitischen Weltkonferenz, erinnerte daran, wie viel die Täufer von Reformierten wie Barth, Moltmann oder Lukas Vischer gelernt hätten; Ruedi Reich ermunterte dazu, die Vielstimmigkeit der Tradition nicht nur als theologisches Problem zu sehen. Setri Nyomi, Generalsekretär des Reformierten Weltbundes, betonte die Chancen einer Verständigung auf lokaler Ebene, gerade auch aus der Warte afrikanischer Kirchen, die weniger von der Last einer schwierigen Vergangenheit mitschleppten. Und Thomas Wipf, Ratspräsident des Schweizerischen Evangelischen Kirchenbundes, brachte das Verhältnis der Reformierten zur «radikalen Reformation» der Täufer in einer versöhnlichen Formel auf den Punkt, mit der ihm seine Eltern das Wesen mennonitischer Gastgeber erklärten: «Das sind auch Reformierte, aber einfach noch ein bisschen mehr als wir.»

Die neue Stadt

Aus der Predigt von Larry Miller, Generalsekretär der Mennoniti- schen Weltkonferenz, am 26. Juni 2004 im Grossmünster.

«Jerusalem soll ein offener Ort bleiben, wegen der Menge von Menschen und Vieh in seiner Mitte. Und ich selbst werde für Jerusalem, Spruch des HERRN, zu einem Feuerwall ringsum. Und in seiner Mitte werde ich herrlich sein.» (*Sacharja 2,8b–9*)

«Ihr seid das Salz der Erde. (…) Ihr seid das Licht der Welt. Eine Stadt, die oben auf einem Berg liegt, kann nicht verborgen blei- ben. Man zündet auch nicht ein Licht an und stellt es unter den Scheffel, sondern auf den Leuchter; dann leuchtet es allen im Haus. So soll euer Licht leuchten vor den Menschen, damit sie eure guten Taten sehen und euren Vater im Himmel preisen.»

(*Matthäus 5,13–16*)

Die Geschichte, die an eben diesem Ort vor bald 500 Jah- ren mit *einem* Volk begonnen hatte, das sich um die eine Bibel sammelte und einem Mann (Zwingli) bei der Aus- legung des Matthäusevangeliums zuhörte, führte zu min- destens zwei Gemeinschaften, zwei Identitäten und zwei Traditionen, von denen zu oft die eine mit der anderen im Streit lag.

In den Schriftlesungen von heute finden sich zwei Bilder für die Stadt Gottes, zwei Gleichnisse für das Volk Gottes, die je für eine unserer Traditionen stehen. Der Abschnitt aus dem Propheten Sacharja steht für die Kirche in reformierter Tradition als Staats- oder Volkskirche, die in der Treue zu Gott eine grundsätzlich für alle Bürger offene Gemeinschaft ist. Der zweite Text aus der Bergpredigt steht für die täuferische Tradition: für eine Kirche, die als

Gemeinschaft von Jüngern, in der täglichen Nachfolge Jesu und von der Welt getrennt, für die Welt Zeugnis ablegt.

Wenn wir jedoch unsere eigene Geschichte und Identität im Spiegel dieser Texte ehrlich betrachten, könnten sich diese Bilder, die wir zur Charakterisierung unserer Traditionen beanspruchen, gegen uns wenden oder uns zumindest zu einer kritischen Selbstprüfung veranlassen.

Abb. 5: Larry Miller auf der Grossmünsterkanzel, «beobachtet» von Heinrich Bullinger, rechts im Bild auf der früheren Kanzel (im Rahmen der Jubiläumsausstellung zu Bullingers 500. Geburtstag).

Eine offene Stadt?

Sacharja ruft jene, die noch im Exil leben, zur Umkehr und Heimkehr in die Stadt, die er ihnen in eindrücklichen Bildern schildert als eine offene Stadt, eine Stadt für Heimkehrer, in der Raum ist für viele Menschen und Geschöpfe. Diese Stadt braucht keine Stadtmauern zum Schutz und

Zusammenhalt, denn Gott selbst wird sie beschützen und bewahren.

Vom täuferischen Standpunkt des 16. Jahrhunderts aus betrachtet musste dieser Bibeltext jedoch eher eine Verurteilung als ein Modell einer reformierten Staatskirche darstellen. Für Felix Manz und seine Glaubensgeschwister war Zürich und seine Kirche sicher keine offene Stadt, nicht das neue Jerusalem, nicht ein Ort der Gerechtigkeit und des Friedens, an den er oder andere aus dem Exil hätten zurückkehren können. Zürichs Autoritäten machten ihnen nicht den Eindruck, als würden sie auf Gottes Gegenwart als ihren einzigen Schutz vertrauen. Diese Stadt musste ihnen als eine geschlossene Stadt erscheinen, in der sie zu Fremden erklärt wurden, ausgestossen aus den schützenden Mauern ins Exil oder in den Tod in den dunklen Wassern der Limmat.

Eine Stadt auf dem Berg, Licht für die Welt?

Im Matthäusevangelium wendet sich Jesus an jene, die freiwillig die etablierte Gesellschaft verlassen haben, um ihm zu folgen. Er stellt ihnen die Vision einer neuen Stadt vor Augen, einer neuen Gemeinschaft, nicht «von der Welt», aber «in der Welt». Diese Stadt wird nicht nur ganz in der Welt, sondern deren «Salz und Licht» sein, so dass niemand darum herumkommt, sie zu schmecken oder zu sehen, wie sie lebt, wem sie folgt, von wessen Schutz und Bewahrung sie abhängt und wem sie die Ehre gibt.

Für einige von uns, die wir uns der täuferischen Tradition verpflichtet wissen, scheinen diese Worte Jesu wichtige Aspekte unserer Geschichte eher zu verurteilen als zu beglaubigen. Einige der radikalen Reformer, inklusive Felix Manz, erhofften sich ohne Zweifel eine weitreichende

Veränderung der Gesellschaft oder wenigstens ein starkes Zeugnis für die Gesellschaft – durch Gemeinschaften von Gläubigen mitten in der Gesellschaft. Doch nach immer wiederkehrenden Verfolgungen fanden sich viele früher oder später in engen, abgeschlossenen Gemeinschaften ohne prophetischen oder evangelistischen Eifer. Viele von uns sind freiwillig dort geblieben, marginalisiert, wenig mehr als eine Fussnote in der Geschichte der Kirche. Andere wiederum haben sich in der einen oder anderen Weise der Umgebung angepasst. Nachdem wir das Licht entzündet hatten, verbargen wir es unter dem Deckel, wo es weder gute Werke ans Licht bringt, noch Gott zur Ehre gereicht.

Doch glücklicherweise erinnern uns diese Bilder von den zwei Städten – der offenen Stadt mit Gott in ihrer Mitte und der Stadt auf dem Berg zur Ehre Gottes – nicht nur an unsere Grenzen. Sie weisen auch auf jene Gaben hin, die wir empfangen haben, um sie einander und anderen anzubieten. Die Bibel ruft uns nicht nur zur Umkehr, sondern auch zum Teilen der uns von Gott anvertrauten Gaben – innerhalb und ausserhalb des Leibes Christi.

Gaben teilen: Die reformierte Berufung

Heute öffnet ihr reformierte Christinnen und Christen im Geiste Sacharjas eure Stadt und eure Kirche für die Töchter und Söhne jener Verfolgten, Hingerichteten und Vertriebenen des 16. Jahrhunderts und der folgenden Jahrhunderte. Noch wichtiger: Ihr öffnet euch selbst einer neuen Beurteilung jener Überzeugungen, welche die Vertriebenen damals vertraten und lebten. Ihr überprüft eure Geschichte und bemüht euch um eine tiefere Beziehung und eine vollere Gemeinschaft mit euren früheren Gegnern. Dies ist ein kostbares Geschenk und eine klare Botschaft an die täuferischen Gemeinden weltweit, ja an die ganze Ökumene.

Aufgewachsen in einer mennonitischen Kirche und unterrichtet an mennonitischen Schulen und Seminarien lernte ich früh zu bekennen: «Jesus ist der Herr.» Doch die tiefe Überzeugung, dass Jesus der Herr der Geschichte und der Schöpfung ist, verdanke ich reformierten Christen. Meine mennonitische Tradition dagegen beschränkte die Herrschaft Christi auf die Kirche und die Stadt auf dem Berg. Reformierte Partner im ökumenischen Dialog dagegen betonten die Herrschaft Jesu nicht nur über die Kirche, sondern über die ganze Welt und alles, was auf ihr lebt. Die Kirche sei dazu berufen, die Gesellschaft so weit wie möglich nach dem Willen Gottes zu gestalten. Und was die Friedensfrage betrifft, betonten sie mit Blick auf uns Mennoniten, dürfe die Botschaft des Evangeliums nicht nur auf Fragen von Krieg und Militärdienst bezogen werden, sondern müsse auf alle gesellschaftlichen Institutionen angewendet werden, welche zum Schutz und Erhalt des menschlichen Lebens gerufen seien: Familien, wirtschaftliche und technologische, kulturelle und politische Einrichtungen. Und schliesslich war es ganz wesentlich die reformierte Theologie, welche dem Widerstand gegen Hitler Sprache und Richtung verlieh, teilweise in der Gestalt der «Bekennenden Kirche». Seither haben mehrere Generationen von Mennoniten viele Anregungen von reformierten Lehrern und Partnern erhalten: von Karl Barth, André Trocmé, Jacques Ellul, Jürgen Moltmann, Milan Opocensky, Lukas Vischer, um nur einige Namen zu nennen. Danke für dieses Geschenk.

Gaben teilen: Die täuferische Berufung

Vielleicht ist es einfacher wahrzunehmen was andere uns, als was wir ihnen zu geben haben. Andere Christen entdecken bei den Nachfahren der Täufer mehrere typische Gaben. Bei den Amischen sehen sie die Gabe der Einfachheit. Bei den Hutterern sehen sie die Gabe der Gütergemeinschaft. Bei den Mennoniten sehen sie die Gabe der Friedensstifter. Jede dieser Gaben hat etwas zu tun mit dem Leben als Freikirche, als einer Kirche von Gläubigen, als einer Friedenskirche, als einer Gemeinschaft von Jüngern, die Salz und Licht der Welt sein wollen.

Ich nenne fünf Aspekte des Lebens in der Stadt auf dem Berg, welche den Menschen in der Welt Licht geben können, sofern sie entsprechend vermittelt werden.

Binden und lösen (Mt 18,15ff), bekannt auch als «die Regel Christi», ein biblischer Prozess der Versöhnung und moralischen Unterscheidung.

Das Brotbrechen, auch «Mahl des Herrn» oder «Eucharistie» genannt, das wirtschaftliches Teilen unter den Gläubigen der Gemeinde einschliessen sollte.

Taufe, verstanden und praktiziert als Tor zu einer Gemeinschaft, in der soziale, ethische oder nationale Unterschiede keine Rolle mehr spielen.

Leben in der *Fülle Christi*, an der jedes Glied der Gemeinschaft – nicht nur Pfarrer oder Prediger – teil hat, und die jedem Glied eine unverwechselbare, anerkannte geistliche Rolle in der Gemeinschaft gibt.

Die *«paulinische Regel»* (1Kor 14), d. h. jene Entscheidungsfindung, in die alle Gemeindeglieder mit einbezogen sind und ihre vom Heiligen Geist inspirierte Stimme einbringen können, welche dann durch den Konsens der ganzen Gemeinde gewichtet wird.

Sind dies die Gaben, welche Täufer des 21. Jahrhunderts anderen Christen und der Welt darbieten können? Möglicherweise, wenn wir das auch verwirklichen, was wir predigen. Jedenfalls glaube ich, dass reformierte Christinnen und Christen überrascht sind, wenn wir diese Aspekte als typisch «täuferisch» bezeichnen. Denn schliesslich gehen sie mehrheitlich auf die frühesten reformatorischen Überzeugungen und reformierte Theologie zurück. Und ihre Wiederentdeckung im 20. Jahrhundert durch täuferische Historiker und Theologen wurzelt im Dialog mit reformierten Historikern und Theologen. Selbst jene Gabe, die wir euch anzubieten haben, sind in gewisser Weise Gaben, die wir von euch empfangen haben.

«Ich mache alles neu»

Unsere Traditionen sind uns wichtig. Sie sind uns wichtig, weil sie Träger der Wahrheit sind und vielleicht mehr noch, weil sie uns ein Stück Heimat vermitteln. Kurz nachdem die Mennonitische Weltkonferenz den offiziellen Dialog mit der katholischen Kirche unter dem Thema «Versöhnung der Erinnerungen» aufgenommen hatte, erhielt ich einen anonymen Brief mit dem Vorwurf, wir würden «das Blut der Märtyrer verraten». Schritte der Versöhnung durch gegenseitiges Bekennen von Schuld und Versagen und Schritte auf eine grössere Einheit hin mögen manchen wie ein Verrat an der Wahrheit und ein Verlust der Identität erscheinen. Doch diese Befürchtungen gehen davon aus, dass Identität etwas Statisches ist und ihre Bewahrung einher geht mit der Verteidigung «unserer» Tradition im Gegensatz zu «anderen» Traditionen. Aber es ist der Herr, der eine Mauer von Feuer um uns herum bildet und die Herrlichkeit in unserer Mitte ist. Wir bekennende Christen und Christinnen gehören weder uns selbst noch unseren Traditionen, die alle auch Schlagseiten haben. Wir gehören Jesus Christus. Wir gehören zum einen Leib Christi, in dem «alles neu wird».

Die Visionen von Sacharja und Jesus münden in eine letzte biblische Vision von der neuen Stadt: «Und ich sah einen neuen Himmel und eine neue Erde.» (Offb 21,1).

Diese neue Stadt ist unser Ziel und unsere gemeinsame Zukunft. Doch bevor wir in diese Stadt gelangen, haben wir, die wir gemeinsam im Exil leben, noch viele weitere Schritte zu gehen auf dem Weg, der sich heute vor uns neu eröffnet. Vor zwanzig Jahren hatten wir uns in dieser Kirche zu einem Gottesdienst der Versöhnung mit gegenseitigem Bekenntnis und Abendmahl versammelt.[1] Im Anschluss daran fand in Strassburg eine Konsultation des Reformierten Weltbundes und der Mennonitischen Weltkonferenz statt, die in einem gemeinsamen Studienheft eine Botschaft an ihre Mitgliedkirchen veröffentlichte:

«Die Zeit ist in der Tat gekommen, wo wir uns neu auf unsere Beziehung und auf unseren gemeinsamen Ruf in der Nachfolge Jesu besinnen. (…) Die Mennonitische Weltkonferenz und der Reformierte Weltbund möchten über lokale und regionale Initiativen informiert werden. In ungefähr zwei Jahren werden wir über die Entwicklung und Resultate dieser Dialoge berichten und dementsprechend die weiteren Schritte vorschlagen.»

Dieser Aufruf vor zwanzig Jahren stiess auf ein geringes Echo. Es gab nichts zu berichten nach zwei Jahren und nicht viel mehr nach zwei Jahrzehnten. Es ist offenbar einfacher, sich dann und wann zu einzelnen Versöhnungsevents zu treffen, als konsequent den Dialog und die Zusammenarbeit zu pflegen, geschweige denn auf das Zusam-

---

[1] Am 5. März 1983, vgl. S. 26f.

menwachsen im einen Leib Christi hinzuarbeiten. Deshalb geben wir – der Reformierte Weltbund und die Mennonitische Weltkonferenz – der Hoffnung Ausdruck, dass die heutigen Ereignisse in Zürich und der zukünftige Dialog in der Schweiz als Katalysator und Beispiel für Mennoniten, Amische, Hutterer und Reformierte weltweit dienen werden. Wenn wir uns auf der gemeinsamen Basis der normativen Verpflichtung auf die Schrift und in der Offenheit für gegenseitige Korrektur und Anteilnahme begegnen, dann dürfen wir dessen gewiss sein, dass der Geist uns über unsere Gebrechlichkeit hinaus in die neue Stadt Gottes führen wird.

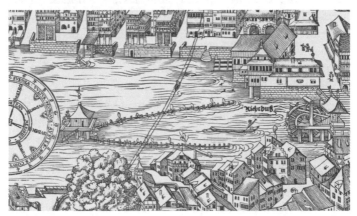

Abb. 6: Stadt Zürich. Ausschnitt aus der Planvedute 1576 von Jos Murer. In der Mitte der Limmat die Fischerhütte mit der Plattform, von der die Täufer in die Limmat gezogen wurden.

Bekenntnis

Dieses Bekenntnis wurde an der Tagung vom 26. Juni 2004 im Grossmünster von Ruedi Reich, Kirchenratspräsident der Evangelisch-reformierten Landeskirche des Kantons Zürich, gesprochen.

Reformierte Kirchen und Täuferbewegung sind Zweige desselben evangelischen Astes am grossen christlichen Baum. Beide sind Kinder der Reformation. Doch ihre Wege haben sich bereits am Anfang getrennt. Ein tragischer Riss geht durch die Zürcher Reformationsbewegung und hat bis heute seine Spuren hinterlassen. Hinrichtungen, Verfolgung und Vertreibung sollten die Täuferbewegung ausrotten. Doch die Täuferbewegung hat überlebt und ist bis heute lebendig geblieben, wofür uns die Nachfahren der Täufer ein lebendiges Zeugnis sind.

Verfolgte vergessen ihre Geschichte nicht. Verfolger dagegen verdrängen sie gerne. Wir – Vertreter und Vertreterinnen der Evangelisch-reformierten Landeskirche des Kantons Zürich – sind uns heute bewusst, dass unsere Kirche die Geschichte der Verfolgung der Täufer weitgehend verdrängt hat.

Wir bekennen, dass die damalige Verfolgung nach unserer heutigen Überzeugung ein Verrat am Evangelium war und unsere reformierten Väter in diesem Punkt geirrt haben.

Wir halten fest, dass das Urteil über die Täufer im *Zweiten Helvetischen Bekenntnis,* das die Lehren der Täufer als unbiblisch verwirft und mit ihnen jede Gemeinschaft verweigert, für uns nicht mehr gilt und wir bestrebt sind, das Verbindende zu entdecken und zu bestärken.

Wir anerkennen die Gläubigen der täuferischen Tradition als unsere Schwestern und Brüder und ihre Gemeinden als

Teil des Leibes Christi, dessen unterschiedliche Glieder durch den einen Geist miteinander verbunden sind.

Wir achten den radikalen Ansatz der Täuferbewegung, als eine freie Gemeinschaft von entschiedenen Gläubigen Salz der Erde und Licht der Welt zu sein und die Botschaft der Bergpredigt konkret umzusetzen.

Es ist an der Zeit, die Geschichte der Täuferbewegung als Teil unserer eigenen Geschichte zu akzeptieren, von der täuferischen Tradition zu lernen und im Dialog mit den täuferischen Gemeinden das gemeinsame Zeugnis des Evangeliums zu verstärken.

In Anlehnung an die reformierte Tradition *bekennen wir.*

Wir gehören nicht uns selbst. Wir gehören Jesus Christus, der uns in seine Nachfolge ruft und uns auffordert, uns mit jenen Brüdern und Schwestern zu versöhnen, die etwas gegen uns vorbringen können.

Wir gehören nicht uns selbst. Wir gehören Jesus Christus, der uns durch das Kreuz mit Gott versöhnt und uns den Dienst der Versöhnung anvertraut hat.

Wir gehören nicht uns selbst. Wir gehören Jesus Christus, der die Mauer der Feindschaft zwischen uns niedergerissen und Nahe und Ferne in einem Leib vereinigt hat.

Mennonitische Antwort

Vorgetragen von Ernest Geiser, Präsident des Ältestenrates der Konferenz der Mennoniten der Schweiz.

Liebe Mitglieder der Evangelisch-reformierten Kirche des Kantons Zürich, liebe Schwestern und Brüder in Christus

Eure Einladung, gemeinsam mit euch diesen Tag vorzubereiten und zu gestalten, hat uns berührt. Bereits 1925 und 1952 wurden hier, an diesen historisch wichtigen Stätten, internationale Vertreter der Mennoniten empfangen. Aus einer gemeinsamen Wurzel der Reformation entstammend, ist das Täufertum, geprägt vom Bruch und erlebten Widerstand gegen die uns wichtigen theologischen Überzeugungen, der Radikalität und der Nachfolge Christi verpflichtet. Die Verfolgungen in Zürich und anderswo haben zur Zerstreuung der Täufer geführt. (...) Heute sind wir Schweizer Mennoniten in der Region Zürich nicht mehr vertreten. Im Verlauf der Jahrhunderte waren wir unterschiedlichen Einflüssen ausgesetzt. Ausgestossen und an den Rand gedrängt verharrten wir zu lange in einer manchmal selbstgefälligen Abgrenzung von der Welt und der Gesellschaft. Wir bekennen, dass unsere Gemeinden unsere Auslegung des Evangeliums häufig nicht widerspiegeln. Da begegnen uns Angepasstheit, Einengung, Absonderung und Hochmut.

Weil uns die Geschichte als Opfer bezeichnet, stehen wir in der Gefahr, eine Opfermentalität zu entwickeln. Allerdings möchten wir hier und heute betonen, dass wir, Nachkommen der ehemals verfolgten Täufer, uns nicht mehr als Opfer sehen und verstehen. Wir erwarten keine materiellen Entschädigungen für vergangene Ungerechtigkeiten, denn eine solche Haltung widerspricht in unsern Augen dem Geist des Evangeliums. Die Tatsache jedoch, dass ihr die problematischen Aspekte eurer Geschichte mit uns anerkennt, hilft uns, uns anders zu sehen und euch anders zu begegnen. Wir danken euch deshalb für euer Bekenntnis und möchten es im Geist der Vergebung annehmen.

Die seit vielen Jahren und an verschiedenen Orten erlebte Zusammenarbeit zwischen Täufern und Reformierten, ist ein Zeugnis vom beiderseitigen Willen, die alten Streitigkeiten abzulegen und die gemeinsame Zugehörigkeit zum Leib Christi bewusst zu leben. (...) Es gibt für uns keine Kirche mehr, der wir uns entgegenstellen müssen, und ihr habt keine Gläubigen mehr, die gewaltsam integriert werden müssen. Trotz allem prägen uns tiefe Überzeugungen, die häufig auch von andern aus Erweckungsbewegungen entstandenen Freikirchen geteilt werden, insbesondere im ethischen und ekklesiologischen Bereich. Es ist unser Anliegen, sie im Leib Christi zu teilen; wir möchten deshalb den Wunsch äussern, dass zwischen unseren kirchlichen und theologischen Überzeugungen ein längerfristiger Dialog entsteht, um unser gemeinsames Zeugnis für Christus und sein Evangelium zu stärken.

Der 26. Juni 2004 ist und bleibt ein wichtiger Meilenstein auf dem Weg der Versöhnung. Die Gedenktafel, die heute in Zürich feierlich eingeweiht wird, zeugt von der Ernsthaftigkeit, mit der dieser Weg der Versöhnung beschritten wird. Wir sind tief betroffen von euren Worten und den zeichenhaften Handlungen und danken euch ganz herzlich dafür.

Liebe Geschwister der Evangelisch-reformierten Kirche des Kantons Zürich, möge Gott euch segnen und euch seine Gnade und seinen Frieden schenken.

Volkskirche oder Bekenntniskirche?
11 Thesen

Pierre Bühler

Der Autor ist in der Täufergemeinde Sonnenberg (im Berner Jura) aufgewachsen. Die Entscheidung, universitäre Theologie zu studieren, hat einen Loslösungsprozess provoziert: Er fühlt sich nun von der Kirchenzugehörigkeit eher reformiert und von der theologischen Ausrichtung eher lutherisch. Er hat aber mit seiner täuferischen Herkunft nie radikal gebrochen, sondern ist mit ihren Vertreterinnen und Vertretern im regen Gespräch geblieben. Die Spannung zwischen täuferischem und reformatorischem Erbe haben ihn bleibend geprägt. Deshalb wollte er anlässlich der Tagung vom 26. Juni 2004 diese Spannung auch explizit thematisieren, als Spannung zwischen zwei ekklesiologischen Grundmodellen, die einander in heutiger Zeit näher kommen, als man meinen könnte. Die folgenden Thesen wurden in einem Atelier vorgetragen und kommentiert, dann im Gespräch mit den Teilnehmerinnen und Teilnehmern diskutiert.

1. Täuferbewegung und reformierte Kirche haben sich aus der *gemeinsamen Wurzel* der Reformation heraus entwickelt; nachdem sie lange gegeneinander oder nebeneinander gelebt haben, dürfen sie nun stärker miteinander ins Gespräch kommen.

2. Damit kann die eine der anderen fruchtbar zu denken geben, da beide vor neuen Aufgaben stehen, durch die sie beide zur Selbstreflexion herausgefordert sind.

3. Dabei geht es nicht darum, alle *Unterschiede* einzuebnen, sondern diese konstruktiv wirken zu lassen; Ver-

söhnung ist nicht Unterschiedslosigkeit, sondern «Einheit in versöhnter Verschiedenheit».

4.   Im Hinblick auf das *Kirchenverständnis* ist der Gegensatz «Volkskirche–Bekenntniskirche» eine vereinfachende Annäherung – als ob es in täuferischer Perspektive kein «Volk» gäbe und als ob Bekenntnisfreiheit in reformierter Tradition die Kirche der Aufgabe des Bekennens entledigte!

5.   *Auf je eigene Art* müssen sich beide Strömungen mit beiden Aspekten beschäftigen: einem offenen, kreativen Zeuge-Sein und einem freien, verantwortlichen Umgang mit der Öffentlichkeit.

6.   Eine relativ offen, formal geregelte *Mitgliedschaft* (im Extremfall allein durch Kirchensteuer!) erlaubt es, die Unterscheidung von sichtbarer und unsichtbarer Kirche aufrechtzuerhalten, bringt aber die Gefahr der Unverbindlichkeit. Eine relativ strenge, auf freiwilligem Einsatz gründende Mitgliedschaft stiftet zwar Verbindlichkeit, birgt aber die Gefahr, bei dieser Freiwilligkeit zu behaften und sie so zum Zwang werden zu lassen.

7.   Die täuferische Tradition tendiert zu einer direkten Mitteilung, die *Wort und Glaube* in gelebter Echtheit zum Vorschein kommen lassen will (Gefahr der Veräusserlichung). Für die reformierte Tradition sind Wort und Glaube Gegenstand einer indirekten Mitteilung, in der Überzeugung, dass jeder Mensch sich in Freiheit dazu stellen soll (Gefahr der Verinnerlichung).

8.   Reformierte Kirche will die Menschen möglichst breit ansprechen und bemüht sich deshalb, die *Sprache* dieser Menschen zu sprechen, läuft dabei aber Gefahr, ihre

Eindeutigkeit zu verlieren. Täuferische Kirche bringt ihre Botschaft mit einer traditionsgeprägten Sprache zum Ausdruck; die damit erreichte Eindeutigkeit erhöht aber für Aussenstehende die Hürde der Verständlichkeit.

9. Hatte die reformierte Tradition die *Kindertaufe* als Zeichen der bedingungslosen Gnade Gottes betont, entdeckt sie heute, bei schwindendem Volksbezug, die *Erwachsenentaufe* als Zeichen eines verbindlichen Einstehens für den Glauben. Hatte die täuferische Tradition die Erwachsenentaufe als bekenntnishafte Verpflichtung des Glaubenden verstanden, entdeckt sie heute die Aufgabe, Familienleben in der modernen Welt in die Zusage der Liebe Gottes einzubetten (Darbringung des Kleinkindes als Quasi-Taufe?).

10. Im *Umgang mit der Öffentlichkeit* macht sich die Täuferbewegung zur Aufgabe, den Kontrast zur Welt zum Ausdruck zu bringen (Antithesen der Bergpredigt), läuft dabei jedoch Gefahr, den Rückzug aus der Welt zu privilegieren (Freikirche als «weltfreie» Kirche?). Die reformierte Kirche versteht sich als der Welt, der Gesellschaft, dem Staat eng verbunden (Landeskirche), gerät dabei aber leicht in den Verdacht der Verweltlichung.

11. Reformierte Kirche lebt aus der Tradition der *Mehrheitskirche,* könnte aber zunehmend mit den Schwierigkeiten einer Minderheitskirche konfrontiert werden. Täuferische Kirche versteht sich traditionell als *Minderheitskirche,* könnte aber zunehmend mit den Herausforderungen an die Mehrheitskirche konfrontiert werden. An möglichen Kreuzungen dieser jeweiligen Entwicklungen sollten sie einander helfen, ihre Aufgaben besser wahrzunehmen.

Einweihung der Gedenktafel an der Limmat, 26. Juni 2004

Abb. 7: Gedenktafel bei der «Schipfe» am linken Limmatufer zur Erinnerung an die in Zürich hingerichteten Täufer.

Einleitung von Philippe Dätwyler

Hier stehen wir. An diesem denkwürdigen Samstag im Jahre 2004 nach Christus. Hier stehen wir und schauen hinaus auf die Limmat, die heute ruhig fliesst und das Abendlicht spiegelt. Hier, an diesem Ort, standen vor 477 Jahren ebenfalls viele Menschen: Ratsmitglieder, Schaulustige, Gaffer. Es war kalt an jenem Tag. Im wörtlichen wie im übertragenen Sinn. Der 5. Januar 1527 war ein Samstag wie heute, der Tag vor dem Dreikönigstag. An diesem Tag wurde Felix Manz, der erste von insgesamt sieben Täufern hingerichtet.

Mitte Oktober 1526 hatte die Zürcher Obrigkeit angeordnet, wer weiterhin die Erwachsenentaufe lehre und praktiziere und entsprechende Predigtversammlungen durchführe, werde mit dem Tod bestraft. Wenige Wochen später, im Dezember, wurde Felix Manz gefangen genommen und in das Stadtgefängnis, den so genannten Wellenberg, geworfen. Dies war ein mächtiger Turm mitten in der Limmat, da vorne am Seeende. Weil Felix Manz im Gefängnis aber standhaft blieb und bekannte, er wolle auch in Zukunft die Glaubenstaufe praktizieren, nahte das Unheil schnell und unerbittlich. Die Obrigkeit wollte – wohl auch als Warnung und drastisches Signal an die anderen Taufgesinnten – ein Exempel statuieren.

Aber auch die Kirche machte mit. Zwei Tage vor der Ertränkung von Felix Manz schrieb Zwingli an den Basler Reformator Oekolampad: «Die Wiedertäufer, die man schon längst zu den Raben (d. h. zum Teufel) hätte schicken sollen, stören bei uns die Ruhe der Frommen. Aber ich glaube, das Beil sei angesetzt.»[1] Zwingli schien also nicht nur zu wissen, was an jenem Samstag passieren sollte. Er hatte dies wohl auch befürwortet.

Nach Heinrich Bullingers Reformationschronik[2] muss man sich das Martyrium von Felix Manz so vorstellen: Manz wird aus dem Wellenberggefängnis herausgeholt und auf den Fischmarkt, der da drüben an der Limmat war, geführt. Dort wird das Urteil gesprochen. Dann geht es zur Metzgerhalle. Laut Bullinger begegnet Felix Manz auf die-

---

[1] *Huldreich Zwinglis sämtliche Werke,* Berlin 1905ff, Band 9, 8, zit. in: Mira Baumgartner, *Die Täufer und Zwingli,* Eine Dokumentation, TVZ 1993, 54.

[2] Heinrich Bullinger, *Reformationsgeschichte,* unveränd. Nachdruck Zürich 1985, Band 1, 382f, zit. in: Mira Baumgartner, *Die Täufer und Zwingli,* Eine Dokumentation, TVZ 1993, 25.

sem schweren Gang seiner Mutter und seinem Bruder. Die beiden machen ihm Mut, standhaft zu bleiben. Bei der Metzgerhalle wird er schliesslich gezwungen, in ein Boot zu steigen, in welchem der Henker und auch ein Pfarrer auf ihn gewartet haben.

Dann wird er mit dem Schiff hier an diesen Ort gefahren. Hier stand damals eine kleine Fischerhütte mitten im Wasser. Felix Manz wird auf die Plattform dieser Hütte gesetzt; gefesselt und geknebelt. Wie der Henker an die Arbeit geht, so schreibt Bullinger in seiner Chronik, singt Manz mit lauter Stimme «In manus tuas domine commendo spiritum meum». («Herr, in deine Hände befehle ich meinen Geist.») – Dann zieht ihn der Henker mit Seilen von der Plattform der Fischerhütte – hinunter ins eiskalte Wasser der Limmat.

Ansprache von Stadtrat Robert Neukomm

Mit der Enthüllung der Gedenktafel für Felix Manz und weitere hier an dieser Stelle in der Limmat ertränkte Täufer wollen wir heute ein Zeichen der Versöhnung setzen. Es ist dem Stadtrat von Zürich (vertreten durch meine Person, notabene bewusst durch ein reformiertes Mitglied des Rates) darum ein aufrichtiges Bedürfnis, an diesem Akt teilzuhaben. Und das Zeichen der Versöhnung zwischen ihm und den Täufern in aller Welt ist dem Stadtrat eigentlich ein doppeltes: ein grösseres und ein kleineres.

Das grössere Zeichen der Versöhnung bezieht sich auf die Ermordung von Felix Manz und mindestens sechs weiteren Täufern. Aber es bezieht sich auch auf die Verfolgung und Vertreibung unzähliger Täuferinnen und Täufer in Zürich und Umgebung in reformatorischer und nachreformatorischer Zeit. Dieses Unrecht hat der damalige Rat von Zürich zu verantworten. Er fällte die Todesurteile, er ordnete die Verfolgungen an. Die reformierte Kirche freilich lieferte ihm die nötigen vordergründigen Argumente dafür. Man braucht allerdings kein spezielles historisches Wissen, sondern nur ein wenig politisches Verständnis, um zu erkennen, dass diese Untaten nicht primär aus religiösen Gründen, sondern aus Gründen der damaligen Staatsräson erfolgten. Einerseits konnte sich in den Augen des Zürcher Rates das reformierte Zürich angesichts der Bedrohung durch die katholischen Orte eine innere Spaltung der eigenen Bevölkerung nicht leisten, ohne das ganze Reformationswerk – und damit auch die Staatskirche – zu gefährden. Anderseits vertraten die Täufer (fast dreihundert Jahre vor der französischen Revolution!) derart revolutionäre Gedanken bezüglich des Verhältnisses zwischen Bürger und Staat und der sozialen Frage, welche die damalige feudale und ständische Obrigkeit nicht dulden konnte und wollte.

Das kleinere Zeichen der Versöhnung bezieht sich auf die Verweigerung das Stadtrates von Zürich, bereits im Jahr 1952 diese Gedenktafel hier anzubringen. Dieser Entscheid (sieben Jahre nach der bittern Erfahrung des Holocaust!) ist heute fast nicht nachvollziehbar. (...) Die Diskussionen müssen heftig gewesen sein. Die entscheidende Frage ging offenbar darum, ob Menschen, deren Reden und Tun sich einst gegen den Staat richteten (ob Felix Manz bzw. die Täufer das wirklich taten, war keine Frage), heute eine Gedenktafel bekommen können.

Abb. 8: Enthüllung der Gedenktafel an der Limmat durch einen Schiffer in traditioneller Kleidung.

Der heutige Stadtrat von Zürich führte keine Diskussion, ob eine Gedenktafel für Felix Manz und die anderen Täufer angebracht ist oder nicht. Zu sehr und zu schmerzlich erinnert er sich an die Ereignisse insbesondere des 20. Jahrhunderts, in welchem aus Gründen der Staatsräson, verbrämt mit religiösen Argumenten, in Europa und anderswo Millionen von Menschen zu Tode kamen. Zu nah sind ihm Tschetschenien, Afghanistan, Irak, Palästina, Sudan oder der Balkan, um nur einige Orte zu nennen, wo heute im Namen der Staatsräson und auch der Religion Krieg und tödliche Konflikte geführt und Menschen hingerichtet werden.

Gedenktafeln haben ja nicht nur die Aufgabe, uns an Ereignisse in der Vergangenheit zu erinnern. Sie haben nicht nur die Aufgabe, uns zur Versöhnung aufzurufen, wenn sie an begangenes Unrecht erinnern. Sie sollen uns auch den Weg in eine bessere Zukunft weisen. Im konkreten Fall soll diese Gedenktafel auch daran erinnern, dass Staatsräson und religiöse Konflikte sich nie über die Menschenrechte erheben dürfen.

In diesem Sinne bittet der Stadtrat von Zürich (als indirekter Nachfolger des damaligen Rates von Zürich, aber auch als Nachfolger des Stadtrates von 1952) die Täufer um Verzeihung für das an ihnen begangene Unrecht. Er hofft und setzt sich dafür ein, dass Gleiches oder Ähnliches nie mehr geschehen werde. Er streckt seine Hand aus zur Versöhnung, und er dankt ihnen, wenn sie sie ergreifen.

Ansprache von Kirchenratspräsident Ruedi Reich

Liebe Schwestern und Brüder

Wir gedenken hier der Brüder in Christus, welche um ihres Glaubens willen in der Reformationszeit auf grausame Weise gefoltert und hingerichtet wurden. Die Zürcher Reformation verstand sich als Wiederentdeckung des befreienden Evangeliums von Jesus Christus. Dafür waren auch Glieder der neu entstehenden reformierten Kirche bereit, ihr Leben hinzugeben.

Deshalb schmerzt und beschämt es uns umso mehr, dass die evangelische Kirche zur Verfolgerin wurde. Taufgesinnte Glaubensbrüder wurden im reformatorischen Zürich in Zusammenarbeit von Staat und Kirche verfolgt, gefoltert und grausam hingerichtet. Wir stehen zu dieser historischen Schuld und bewerten sie aus heutiger Sicht als Verrat am Evangelium. Vor Gott und den Menschen weisen wir auf diese dunkle Seite der Reformation hin und bitten Gott und euch, liebe Schwestern und Brüder mennonitischen Glaubens, um Vergebung. Wir sind dankbar für die Gemeinschaft mit Mennoniten, am heutigen Tag und darüber hinaus. Gemeinsam wollen wir uns mitten in einer Welt der Gewalt für Frieden, Versöhnung und Gerechtigkeit einsetzen. Diese unsere Versöhnung soll uns Kraft geben, miteinander als Ferment der Versöhnung im Auftrag Jesu Christi im Kleinen und im Grossen zu wirken. Dazu erbitten wir von Herzen Gottes Segen.

Ansprache von Thomas Gyger, Präsident der Konferenz der Mennoniten der Schweiz

Sehr geehrter Herr Stadtrat, liebe Mitglieder der Evangelisch-reformierten Kirche des Kantons Zürich, liebe Schwestern und Brüder in Christus

Auch wenn die Verfolgung der Täufer eine tragische Ungerechtigkeit bleibt, so ist uns bewusst, dass es den Behörden des 16. Jahrhunderts in erster Linie darum ging, die öffentliche Ordnung aufrechtzuerhalten. Kirche und Staat waren in der damaligen Gesellschaft unter dem Begriff der «Christenheit» verschmolzen. In diesem Kontext ist es verständlich, dass die Wiedertaufe von Menschen, welche in der Nachfolge Jesu leben wollten, als ernsthafte Bedrohung der öffentlichen Ordnung erlebt wurde.

Mit der Einweihung dieser Gedenktafel an dem Ort, wo Felix Manz und seine Freunde die Bluttaufe erfahren haben, anerkennt ihr vergangenes Unrecht und das Fehlverhalten eurer reformierten Vorfahren im Umgang mit den damaligen Dissidenten. Wir schätzen eure Bemühungen, Gerechtigkeit zu schaffen. Eure Vorfahren fühlten sich gezwungen einzugreifen, um Recht und Ordnung wiederherzustellen – Ihr handelt heute freizügig und ohne Zwang.

Abb. 9: Ruedi Reich (links) und Thomas Gyger bei der Einweihung der Gedenktafel an der Limmat.

Im Namen meiner mennonitischen Schwestern und Brüder unterschiedlicher Herkunft möchte ich mich bei der Regierung der Stadt Zürich sowie der Evangelisch-reformierten Kirche des Kantons Zürich für diese symbolhafte Geste bedanken. Einige von uns sehen dank dieser Gedenktafel eine Möglichkeit, die Erinnerung wachzuhalten, und hoffen auf eine Weiterführung des Dialogs; andere sehen darin ein starkes Zeichen der Begegnung, welche schon morgen der Vergangenheit angehören wird; das Zeichen jedoch wird bleiben, um unsere Versöhnung zu bezeugen.

Zürich hat sich zu einer wohlhabenden und blühenden Stadt entwickelt. Wiedertaufen sollten hier keine Bedrohung der öffentlichen Ordnung mehr darstellen. Aber wie sähe diese Stadt wohl heute aus, ohne die Auswirkungen der Gnade Gottes und den Einfluss unzähliger im Wort

Gottes verwurzelter und von jüdisch-christlichen Werten geprägter Frauen und Männer, die hier gelebt haben?

Früher entzweit, möchten wir heute gemeinsam mit euch, liebe Geschwister der Evangelisch-reformierten Kirche, in unserer Gesellschaft die Botschaft dessen verkünden, der die Herzen der Menschen berührt und verändert: Jesus Christus, unser Herr!

Brief der «Old Order Amish Churches» aus den USA

An die Reformierte Kirche von Zürich

Herzliche und freundliche Grüsse im Namen des Heilandes Jesu Christi, mit den besten Grüssen für Zeit und Ewigkeit.

Wir, die «Old Order Churches» in den USA, haben eine Einladung von der Reformierten Kirche von Zürich zur Teilnahme an der Tagung erhalten, geplant für das Wochenende vom 26. Juni dieses Jahres. Wir anerkennen den Beweggrund für eine solche Tagung. Doch jeder, der mit der Lebensweise der Old Order Amish vertraut ist, ist sich bewusst, dass Weltreisen nicht mit unserer Kultur vereinbar sind. Es bräuchte schon ein ausserordentliches Ereignis, um Delegierte der eher konservativen Amischen zu einer Reise in die Schweiz zu bewegen. Wir können nicht für die eher progressiven oder «New Order» Gruppierungen sprechen.

Welches sind unsere Gefühle gegenüber der Reformierten Kirche? Unsere Haltung gegenüber der Reformierten Kirche ist die gleiche wie gegenüber allen anderen protestantischen oder christlichen Kirchen. Wir haben eine grosse Achtung vor jeder Kirche, welche ihre Jünger die Furcht Gottes lehrt und sie dazu anleitet, im Frieden mit ihren Mitmenschen zu leben. Die verschiedenen christlichen Kirchen und ihre Grundsätze machen diese Erde zu einem besseren Lebensraum.

Wir glauben, dass die Nachfahren der Reformierten Kirche in keiner Weise für das verantwortlich gemacht werden können, was ihre Vorväter den Täufern angetan haben. Es sei ferne von uns, Versöhnung zu fordern. Die Geschichte lehrt uns, dass Verfolgungen eine Kirche stärken.

Das Blut der Märtyrer ist der Same der Kirche. Wir bezweifeln, dass es ohne diese Verfolgungen heute Amische, Mennonitische oder Hutterische Kirchen gäbe. Christus verbietet uns eine negative Haltung gegenüber den Nachfahren der Unterdrücker, seien es Reformierte, Katholiken, Juden oder Heiden. Dies, so meinen wir, ist die allgemeine Haltung der Amischen in den USA, welche aus über tausend Gemeinden mit durchschnittlich je 25 bis 30 Familien bestehen.

Wann immer von unserem Vaterland die Rede ist, denken die meisten von uns zuerst an die Schweiz, zusammen mit Deutschland, Holland und Frankreich.

Wir bitten euch, dieses bescheidene Schreiben in gutem Glauben anzunehmen. Wir kennen keine negativen Gefühle und bitten um Nachsicht für allen Verdruss, den wir verursacht haben mögen.

Gott segne euch und die euren. Lebt wohl.

Mifflintown, PA
John T. Petersheim; John S. Stoltzfus; Samuel K. Lapp; Jacob N. Peachey; Abraham S. Renno; Joseph E. Swarey; Dan D. Kurtz

Verzeichnis der Abbildungen

Titelseite: Hinrichtung von Jakob Falk und Heini Reimann 1528, anderthalb Jahre nach Felix Manz, durch Ertränken in der Limmat von der Plattform einer Fischerhütte aus. Quelle: Aus der Reformationsgeschichte von Heinrich Bullinger, geschrieben und illustriert von Heinrich Thomann. Zentralbibliothek Zürich, Ms B 316, Blatt 336v.

Bilder Nr. 1, 3, 4, 5, 7, 8, 9: refbild, Gion Pfander.

Bild Nr. 2: Peter Dettwiler.

Bild Nr. 6: Zentralbibliothek Zürich, LKS 91 FBQ.

Angaben zu den Quellen

Schritte der Versöhnung
In Zusammenarbeit mit Hanspeter Jecker, Dozent am mennonitischen Seminar Bienenberg, nach einer Zusammenstellung von Sabine Herold, 2003. Siehe: www.anabaptist.ch.

Versöhnung? Eine mennonitische Stellungnahme
Gekürzte und überarbeitete Fassung eines Artikels aus «notabene», 2/2004, hg. von der Evang.-ref. Landeskirche des Kantons Zürich, Kirchlicher Informationsdienst.

Täuferisches Erbe im ökumenischen Dialog – Eine reformierte Perspektive
Gekürzte und überarbeitete Fassung eines Vortrages, gehalten am 10. September 2005 in Tavannes, am Treffen der

Ältesten und Prediger der Konferenz der Mennoniten der Schweiz.

Das Bekenntnis und sein Stellenwert

Gekürzte und überarbeitete Fassung eines Beitrages am Studientag vom 12. November 2005 in Augsburg mit dem Titel: «Rechtmässig Krieg führen» oder «sich widersetzen» – Die ökumenische Dekade zur Überwindung von Gewalt und Artikel 16 der Confessio Augustana, Arbeitsgruppe 4: Zweierlei Umgang mit reformatorischen Bekenntnissen, Vergleich der lutherischen mit der reformierten Herangehensweise an die Bekenntnisse.

Neue Horizonte

Gekürzte Beiträge aus: *Mennonite Historical Bulletin*, Oktober 2004, Nr. 4, Übersetzung: P. Dettwiler. Der Beitrag von J. Ebersole vom Februar 2007 ist eine persönliche Zuschrift.

«Das sind auch Reformierte»

Gekürzter Artikel aus der *Reformierten Presse* 27/2004.

Angaben zu den Autoren

Michael Baumann: Gemeindepfarrer und Reformationshistoriker.

Pierre Bühler: Professor für systematische Theologie an der Universität Zürich.

Philippe Dätwyler: Kulturbeauftragter der Evangelisch-reformierten Landeskirche des Kantons Zürich und Initiator der Tagung vom 26. Juni 2004 «Die Reformation und die Täufer. Gegeneinander – nebeneinander – miteinander».

Peter Dettwiler: Beauftragter für Ökumene, Mission und Entwicklungsfragen der Evangelisch-reformierten Landeskirche des Kantons Zürich. Mitglied des Vorbereitungskomitees der Tagung vom 26. Juni 2004.

Jon M. Ebersole: Mediator, Developmental Coach, Affoltern am Albis, Schweiz.

Ernest Geiser: Präsident des Ältestenrates der Konferenz der Mennoniten der Schweiz.

Thomas Gyger: Präsident der Konferenz der Mennoniten der Schweiz 2002–2004. Mitglied des Vorbereitungskomitees der Tagung vom 26. Juni 2004.

Hanspeter Jecker: Dozent am Theologischen Seminar Bienenberg in Liestal und Co-Präsident des Schweizerischen Vereins für Täufergeschichte. Mitglied des Vorbereitungskomitees der Tagung vom 26. Juni 2004.

Stephan Landis: Redaktor bei der Reformierten Presse, Philologe und Theologe.

Larry Miller: Dr., Generalsekretär der Mennonitischen Weltkonferenz.

Robert Neukomm: Mitglied des Stadtrates von Zürich (Exekutivbehörde) seit 1990. Vorsteher des Gesundheits- und Umweltdepartements.

Dan Nighswander: Generalsekretär der Mennonite Church Canada.

Ruedi Reich: Pfr. Dr. h. c., Präsident des Kirchenrates der Evangelisch-reformierten Landeskirche des Kantons Zürich seit 1993.

John D. Rempel: Professor für historische Theologie am Associated Mennonite Biblical Seminary seit 2003.

John E. Sharp: Director Goshen Archives, Historical Commitee, Mennonite Church USA. Mitglied des Vorbereitungskomitees der Tagung vom 26. Juni 2004.

Franklin Yoder: Dozent für Geschichte an der Universität von Iowa und Vorsitzender des «Historical Commitee» der Mennonite Church USA.